W0354386

natürlich oekom!

Mit diesem Buch halten Sie ein echtes Stück Nachhaltigkeit in den Händen. Durch Ihren Kauf unterstützen Sie eine Produktion mit hohen ökologischen Ansprüchen:

- 100 % Recyclingpapier
- mineralölfreie Druckfarben
- Verzicht auf Plastikfolie
- Kompensation aller CO_2-Emissionen
- kurze Transportwege – in Deutschland gedruckt

Weitere Informationen unter www.natürlich-oekom.de und #natürlichoekom

natürlich oekom · nachhaltig seit 1989

Bibliografische Information der Deutschen Nationalbibliothek:
Die Deutsche Nationalbibliothek verzeichnet diese Publikation in der Deutschen Nationalbibliografie; detaillierte bibliografische Daten sind im Internet über www.dnb.de abrufbar.

oekom – Gesellschaft für ökologische Kommunikation mbH,
Goethestraße 28, 80336 München

Lektorat: Annerose Sieck
Korrektorat: Silvia Stammen
Satz, Layout und Illustration: BUCH & DESIGN Vanessa Weuffel
Umschlaggestaltung: BUCH & DESIGN Vanessa Weuffel
Umschlagabbildung: © Helena Heilig
Druck: Westermann Druck Zwickau GmbH

ISBN 978-3-98726-037-7

www.blauer-engel.de/uz195

ALEXANDRA ACHENBACH

Meine nachhaltige KÜCHE ON A BUDGET

111 Ideen & Lifehacks für wenig Geld

Für meine Familie

♥

HALLÖCHEN LIEBE LESERIN UND LIEBER LESER,

du willst Geld sparen, aber ohne Abstriche bei Nachhaltigkeit und Klimaschutz? Dein Budget ist klein, aber dein grünes Herz ist groß? Dann bist du hier genau richtig! Also herzlich willkommen in der nachhaltigen Zukunft deiner Küche. Schön, dass du da bist.

Tatsächlich ist die Küche der ideale Ort, um mehr Nachhaltigkeit in deinen Alltag zu bringen, denn der Einstieg ins Verändern ist dort leicht und die Möglichkeiten sind sowohl für Anfänger als auch für Fortgeschrittene vielfältig. Egal, ob bei Ausstattung und Einrichtung, beim Einkaufen von Lebensmitteln oder beim Essen. Egal, ob du lieber bastelst, kochst oder über Märkte schlenderst. In diesem Buch warten 111 Ideen, Tipps und Tricks auf dich, die dich dabei unterstützen werden, ökologisches Bewusstsein, Klimaschutz und wenig Geld miteinander zu vereinbaren.

DENN EINES STEHT FEST: ECHTE NACHHALTIGKEIT MUSS NICHT TEUER SEIN!

Und was denkst du? Hast du Lust, gleich loszulegen und mit dabei zu sein? Dann wünsche ich dir viel Spaß beim Entdecken und Experimentieren.

Und denk immer daran, du hast jeden Tag aufs Neue die Wahl. Nicht nur mit deinem Stimmzettel an der Wahlurne, sondern auch mit deinem eigenen Handeln und dem Kassenbon.

Alles Liebe
Deine Alex

KÜCHEN *basics*

Die Küche ist das Herz des Hauses. Egal, ob dieser Spruch tatsächlich auch für dein Zuhause zutrifft oder ob deine Küche einfach nur der Raum ist, in dem sich alles ums Essen dreht. Die Basics helfen dir beim Einrichten, Organisieren, Kochen und Backen. Kurzum, sie machen dir das Leben leichter. Doch da geht noch mehr! Gewusst wie, kannst du nämlich nicht nur Energie sparen, Ressourcen schonen und unnötigen Müll vermeiden, sondern auch deinen Geldbeutel entlasten. So geht Küche heute nachhaltig!

1. ALTE KÜCHE IN NEUEM GLANZ

AUFMÖBELN STATT NEU KAUFEN

Von Landhausstil bis Metrotiles. Einrichtungstrends kommen und gehen, und auch Geschmäcker können sich im Lauf der Jahre ändern. Solltest du dich also an deiner alten Küche sattgesehen haben, dann aufgepasst! Eine Küchenrenovierung lohnt sich nämlich fast immer. Je nach Budget und handwerklichem Geschick reichen die Möglichkeiten von kleinen optischen Veränderungen bis hin zur größeren Neugestaltung. Und auch für Mieter bieten sich so viele Wege zur Traumküche. Nachhaltig, kreativ und kostengünstig ...

PREISGÜNSTIGE IDEEN MIT WENIG AUFWAND:

- Küchenfronten mit Folie bekleben
- Küchenfronten neu streichen
- Zierleisten anbringen
- Neue Griffe anbringen
- Küchenfronten (mit Standardmaßen) austauschen
- Fliesen mit Stickerfliesen bekleben
- Fliesen überstreichen
- Fliesenspiegel mit Wandverkleidung kaschieren (z. B. Spiegel, Holzplatte mit Tafellack, Edelstahl)
- Unschönen Boden mit Teppich kaschieren
- Wände neu streichen
- Arbeitsplatte austauschen
- Einzelne Oberschränke gegen offene Regale austauschen
- Dekorative Vintage-Möbel ergänzen (z. B. Apothekerschränkchen, alte Werkbank als Kücheninsel)

EXTRASPARTIPP: Und selbst wenn deine alte Küche komplett hinüber ist, kannst du durchs Aufmöbeln jede Menge Geld sparen. In Kleinanzeigen und Co. gibt es nämlich hochwertige Küchenschränke zum kleinen Preis. Spannend dabei? Bei der Suche geht es um das Potenzial für eine Umgestaltung und nicht um die aktuelle Optik. Hauptsache, Maße und Qualität stimmen.

2. KOCHEN, BACKEN, ESSEN

KÜCHENHELFER ON A BUDGET

Hübsche Schränke und Schubladen wollen gefüllt werden, doch besonders in der Küche gilt: *Weniger ist mehr.* Überlege dir also gut, was du auf deine Wunschliste setzt und wie viele Vorratsdosen und Kuchenplatten du tatsächlich benötigst. Und auch so manches Spezial-Gadget stellt sich im Nachhinein eher als Staubfänger heraus und verbraucht allenfalls Platz. Eine wunderbare Lösung ist es daher zunächst eine Minimal-Grundausstattung anzuschaffen. Nach und nach kannst du dann Fehlendes notieren und per Strichliste herausfinden, wie wichtig dieses Küchenutensil tatsächlich für dich ist. Erst beim zehnten Strich wird gekauft. So perfektionierst du deine Küchenausstattung ohne unnötigen Ballast und ohne unnötige Ausgaben. Noch kostengünstiger wird es, wenn du qualitativ hochwertiges Geschirr, Töpfe, Elektrogeräte und Co. gebraucht kaufst statt neu. Das ist zudem auch noch die nachhaltigste Wahl, denn in der Regel entstehen die meisten Umweltbelastungen und Treibhausgasemissionen bei der Herstellung von Produkten. Im Umkehrschluss bedeutet das, dass das nachhaltigste Produkt immer das ist, das nicht neu produziert werden muss. Flohmärkte, Kleinanzeigenportale, Schwarze Bretter, Webseiten und Apps für Secondhandware bieten dir ein reichhaltiges Angebot an alternativen Einkaufsmöglichkeiten.

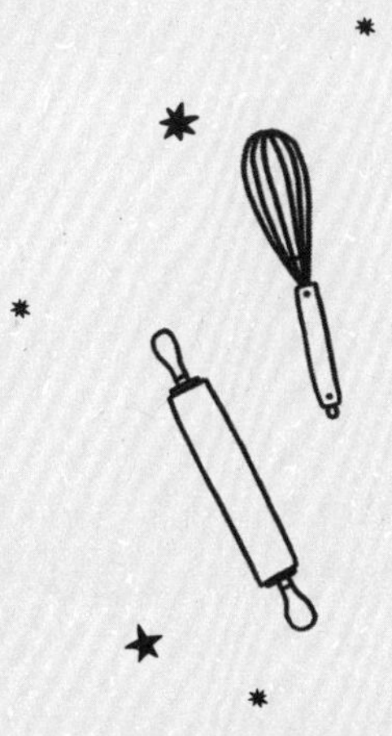

EXTRASPARTIPP: Wertstoffhöfe, Abfallwirtschaftsämter und Sozialverbände wie die Caritas oder die Diakonie betreiben an vielen Orten Gebrauchtwarenhäuser oder Secondhandläden und verkaufen oftmals für den guten Zweck.

3. So gut wie neu

Elektrogeräte nachhaltiger kaufen

Hast du schon mal den Begriff »Refurbished« gehört? Frei übersetzt bedeutet das »aufpoliert« und kann dir bares Geld sparen. Refurbished-Geräte sind in der Regel Elektrogeräte, die als Versandrückläufer, als Vorführgerät oder nach dem Ablauf von Produktleasingverträgen ihren Weg zurück zum Händler finden und wieder weiterverkauft werden. Ein entscheidender Unterschied zu normaler Gebrauchtware ist jedoch, dass diese Küchenmaschinen, Stabmixer und Co. von Spezialisten technisch überprüft und instandgesetzt werden. Du bekommst also zum einen ein generalüberholtes Produkt zum kleinen Preis, und zum anderen wird dadurch die Nutzungsdauer verlängert und die Menge an Elektroschrott reduziert. Refurbished-Produkte haben beim Kauf über einen Händler eine zwölfmonatige Gewährleistung und ein gesetzlich garantiertes Widerrufsrecht von 14 Tagen beim Onlinekauf.

SPANNENDE WEBSEITEN:

www.refurbed.de
www.afbshop.de
www.asgoodasnew.de

ÜBRIGENS:
In Deutschland werden pro Kopf und Jahr im Durchschnitt 10,3 Kilo ausgediente Elektro- und Elektronikgeräte weggeworfen. Dieser Elektroschrott summiert sich EU-weit jährlich zu rund vier Millionen Tonnen (Statistisches Bundesamt 2018).

4. SHARING IS CARING

LEIHEN UND TEILEN

Eine tolle Alternative zum klassischen Konsum ist das Leihen und Teilen. Bei diesem »Eines für viele« werden Gebrauchsgegenstände wie Nudelmaschine, Messerschärfer oder Waffeleisen einfach gemeinschaftlich genutzt. Gerade für Küchenutensilien, die nicht täglich in Gebrauch sind, kann das eine tolle und nachhaltige Lösung sein, die Platz schafft und den Ressourcenverbrauch und die Umweltbelastungen deutlich reduziert. Bei privaten Leihgemeinschaften innerhalb der Familie oder unter Nachbarn und Freunden gibt es grundsätzlich die Möglichkeit, zusammenzulegen und gemeinschaftlich zu kaufen oder sich abzusprechen und abwechselnd zu kaufen. Am Ende entsteht so ein breites Angebot, von dem alle profitieren. Eine wunderbare Möglichkeit zum nachhaltiger Leben und Sparen. Die Devise lautet: leihen, nutzen und zurückbringen, statt kaufen und in den Schrank legen.
Noch mehr Gelegenheiten, deinen Geldbeutel zu schonen, sich besser kennenzulernen und die Gemeinschaft zu stärken, bieten Apps und Webseiten. Dank Internet heben sie Nachbarschaftshilfe auf das nächste Level.

APPS UND WEBSEITEN ZUM VERNETZEN MIT DER NACHBARSCHAFT:

www.nebenan.de
www.nextdoor.de
www.nachbarschaft.net

5. TAUSCHEN

VOM URALTEN HANDELSMODELL ZUM TREND

Auch beim Tausch wird das genutzt, was schon da ist, und du kannst je nach Plattform und System entweder Ware gegen Ware oder Ware gegen eine nicht monetäre Tauschwährung eintauschen. Das Spannende daran? In den allermeisten Fällen wird Geld in diesem uralten Handelsmodell nicht benötigt. Und du wirst Ungeliebtes und Ungenutztes los und bekommst dafür etwas, das du gut gebrauchen kannst.
Die Tauschware muss nicht unbedingt immer ein Gegenstand sein, manchmal wird auch Hilfe, Wissen oder eine handwerkliche Fähigkeit als Einsatz genutzt. So kannst du etwa dein Wissen übers Fermentieren gegen Unterstützung bei der Apfelernte tauschen.
Lokale Initiativen mit Vor-Ort-Treffen findest du auf: ***www.tauschringadressen.de.***

WEITERE APPS UND WEBSEITEN:

www.tauschgnom.de

www.tauschbillet.de

www.tauschbu.de

www.tauschticket.de (Tauschgebühr 0,49 € bis 1,99 € pro Artikel)

6. NUTZE, WAS DU HAST!

DINGE NEU DENKEN UND IMPROVISIEREN

Das zu nutzen, was schon da ist, kann dir so manchen Neukauf ersparen. Dabei lohnt es sich durchaus, mal eine neue Perspektive einzunehmen und auch mal um die Ecke zu denken. So wird beispielsweise aus einem abgegriffenen Küchenbrett schnell eine stylische Vintage-Pinnwand, Omas Goldrandteller verwandeln sich in hübsche Bilderrahmen, und die Auflaufform wird in der Adventszeit als Dekoschale zweckentfremdet. Vom Upcycling von Müll und aussortierten Dingen bis hin zur vielseitigen und kreativen Verwendung von Alltagsgegenständen: Improvisation spart Geld, schont Ressourcen und Energie und zaubert Individualität in deine vier Wände.

15 KREATIVE IDEEN ZUM IMPROVISIEREN:

- alte Babyfläschchen statt Messbecher
- Papier statt Trichter
- Flasche statt Nudelholz
- Kristallvase statt Motivnudelholz
- Glas statt Plätzchenausstecher
- Esslöffel und Co. statt Küchenwaage (1 TL = 2 g, 1 EL = 15 g, Tasse = 250 g)
- Wäscheklammer statt Verschlussklammer
- Schneidebrett statt Untersetzer
- Salatschüssel statt Rührschüssel
- Geschirrtuch statt Salatschleuder
- Sparschäler statt Käsereibe
- Gabel statt Knoblauchpresse
- Keramikgeschirr statt Messerschärfer (Tipp 8)
- Römertopf statt Brottopf
- Auflaufform statt Kuchenform (und umgekehrt)

7. MAKE IT NEW!

REPARIEREN LOHNT SICH

Es ist fast ein Automatismus geworden: Wenn etwas kaputtgeht, wird es einfach weggeworfen und neu gekauft. Doch das war keineswegs immer so. Noch vor wenigen Jahrzehnten gab es den Kesselflicker für kaputte Töpfe, und stumpfe Messer, Scheren und Co. brachte man ganz selbstverständlich zum Scherenschleifer. Zum Glück erlebt die gute alte Reparatur nun seit einigen Jahren ein Revival. So kannst du deine hochwertigen Pfannen, Töpfe und Kuchenformen bei vielen Herstellern und Spezialanbietern mit einer neuen Antihaftbeschichtung versehen lassen. Und auch die Hilfe zur Selbsthilfe boomt. Praktisch jeder Landkreis, jede Kommune und jedes Stadtviertel kann heute mit einer Reparaturinitiative aufwarten. In diesen Reparaturtreffs und Repair-Cafés kommen regelmäßig Menschen zusammen, die gemeinsam Kaputtes wiederbeleben möchten. Es wird gefachsimpelt und mit viel handwerklichem Geschick ein großartiger Beitrag zur Nachhaltigkeit geleistet, denn je länger die Nutzungsdauer eines Gebrauchsgegenstands, desto besser ist seine Ökobilanz. Alles, was du brauchst, sind ein bisschen Zeit und etwas Geld für etwaige Ersatzteile, und schon kann der Kampf gegen die Wegwerfgesellschaft beginnen.

REPARATURINITIATIVE IN DEINER NÄHE:

www.reparatur-initiativen.de

www.repaircafe.org/de

REPARATURANLEITUNGEN, ERSATZTEILE UND (SERVICE)-WERKSTÄTTEN:

www.de.ifixit.com

www.kaputt.de

www.offene-werkstaetten.org

8. MAKE IT LAST!

MESSER SCHÄRFEN LEICHT GEMACHT

Gemüse würfeln, Äpfel schälen oder eine schöne saftige Brotscheibe abschneiden. Hochwertige Messer dürfen in keiner Küche fehlen. Die gute Nachricht für ein kleines Budget: In der Regel reichen drei unterschiedliche Messertypen völlig aus, um alle Aufgaben in der Küche problemlos bewältigen zu können. Zu den Must-haves gehören ein Brotmesser mit Sägeschliff, ein großes Küchenmesser und ein kleineres Schälmesser.
Wenn die Klinge einmal stumpf geworden ist, kannst du die letzten beiden übrigens wunderbar selbst schleifen. So bleiben deine Messer mit wenig Aufwand und regelmäßig angewendet immer schön scharf, und du hast lange Freude damit. Am einfachsten klappt das mit dem sogenannten Durchziehschleifer, der stufenweise mit Schleifscheiben verschiedener Körnung arbeitet. Auch Schleifsteine und Schleifstäbe sorgen nach etwas Übung für die nötige Schärfe. Doch es geht auch ganz ohne spezielle Schleifutensilien. Alles, was du brauchst, ist etwas aus Keramik, Ton oder Porzellan.

SO GEHT'S:

1 Suche dir eine raue Stelle ohne Glasur (z. B. am Boden) und feuchte sie zunächst mit Wasser an, sodass eine Art Schleifpaste entstehen kann.

2 Ziehe dein Messer mehrmals in einem flachen Winkel von etwa 20 Grad über die Schleifstelle. Achtung, zweite Seite nicht vergessen!

ÜBRIGENS: *Die unglasierten Stellen von Tontöpfen, Tellern, Tassen und Co. entsprechen mit einer Körnung von etwa 1000 dem, was ein mittelfeiner Schleifstein leisten kann.*

9. DINGE WIEDERVERWENDEN

EIN GRUNDPFEILER DER NACHHALTIGKEIT

In deutschen Haushalten werden insgesamt knapp 40 Millionen Tonnen Abfälle pro Jahr produziert. Das entspricht 476 Kilogramm pro Kopf und Jahr (Statistisches Bundesamt 2020). Unfassbare Zahlen, oder? Wahrscheinlich haben Menschen noch niemals in unserer Geschichte Rohstoffe so verschwenderisch eingesetzt. Wir kaufen billig und entsorgen schnell, wir nutzen einmal, und schon verwandelt sich ein gerade noch praktisches Hilfsmittel in Müll. Egal, ob Coffee-to-go-Becher oder kurzlebige Einwegverpackung, die Zeichen der Wegwerfgesellschaft sind allgegenwärtig. Umso wichtiger ist da der Gegenentwurf, denn eines der Grundprinzipien der Nachhaltigkeit besteht darin, Dinge wiederzuverwenden und sie möglichst lange zu nutzen. Und das spart nicht nur Berge an unnötigem Müll, sondern zudem bares Geld.

WICHTIGSTE FRAGEN FÜR EINEN BEWUSSTEREN BLICK:

Gibt es dafür auch eine Mehrwegvariante?
Kann ich das noch für irgendetwas wiederverwenden?

EXTRASPARTIPP: Durch Upcycling lassen sich Lebensmittelverpackungen und Co. mit ein paar Handgriffen aufhübschen und weiterverwenden. So wird etwa ein alter Milchkarton schnell zum stylischen Übertopf für deine Küchenkräuter, Schrauben und Nägel verschwinden in einer leeren Gewürzdose, und deine Tomatenkonserve beginnt ihr zweites Leben als Stiftebecher.

10. KLEINE HELFER FÜR KAFFEE & TEE

SO LACHT DER GELDBEUTEL

Hast du schon einmal bewusst die Kilo- beziehungsweise Grammpreise für losen Tee und Beuteltee oder für Kaffee und Kaffeeeinzelportionen verglichen? Wenn nicht, dann solltest du das unbedingt tun, denn die Preisunterschiede können enorm sein. Da kommt beim berühmten Kapselkaffee schon mal ein Kilopreis von stolzen 80 Euro und mehr zustande. Und wusstest du, dass die Qualität von Tee im Beutel deutlich schlechter ist, als wenn du ihn lose kaufen würdest? Loser Tee kann deshalb sogar mehrmals aufgegossen werden und ist im Schnitt ebenfalls günstiger als die Einzelpackvariante. Bei dem Sparpotenzial kannst du dir dann durchaus faire Bioqualität leisten und hast am Ende immer noch ein Plus im Haushaltsbudget. Von all dem unnötigen Müll durch Kapseln und Co. ganz zu schweigen. Ein klassischer Fall von Mehrweg lohnt sich doppelt. Und so geht's ...

ZERO-WASTE KAFFEE:

Siebträgermaschine
Espressokännchen für den Herd
French Press
Handaufbrühen (Pour-over) mit wiederverwendbaren Kaffeefiltern aus Edelstahl oder Naturfasern
Mehrwegbehälter für Systemmaschinen (Mehrwegkapseln)

ZERO-WASTE TEE:

Waschbare Teebeutel aus Stoff (Tipp 11)
Teesieb
Tee-Ei
Teezange
Stempelkannen (ähnlich French Press)
Teeblätter und Co. lose aufbrühen und dann durch ein Sieb abgießen

ÜBRIGENS:
Tee (Schwarztee) verursacht pro Kilo weniger CO_2 und verbraucht beim Anbau weniger Wasser als Kaffee. Und am allerbesten für die Umweltbilanz ist Kräuter- oder Früchtetee aus deiner Region. Die Zutaten dafür kannst du sogar selbst anbauen und/oder ernten.

11. DIY-TEEBEUTEL

MEHRWEG-TEEGENUSS MIT NADEL UND FADEN

Selbst genähte Teebeutel sind eine tolle Geschenkidee für echte Tee-Fans und eine hübsche Alternative zu Tee-Ei und Co. Das Beste daran? Du kannst sie ratzfatz selbst machen und sogar noch deine Stoffreste und Altkleider sinnvoll verwerten ...

MATERIAL:

Pappe, 11 x 14 cm

Stoffmarker oder Bleistift

Stoffschere

Lineal

Sicherheitsnadel

Nähmaschine

Nähgarn

kochfester Stoff aus reiner Naturfaser, wie z. B. alte Bettwäsche oder Geschirrtücher

20 cm kochfeste Kordel aus reiner Naturfaser

Knopf/Garn aus Holz (Kordel/Garn sollte durch die Knopflöcher passen)

SO GEHT'S:

1 Solltest du einen neuen Stoff verwenden, dann wasche ihn unbedingt im Vorfeld, um etwaige Schadstoffe loszuwerden. Zuerst kommt die Pappschablone dran. Sie erleichtert es dir später, mehrere Teebeutel anzufertigen. Schneide dafür ein 11 x 14 cm großes Rechteck aus, übertrage deine Schablone mit dem Stoffmarker auf den Stoff und schneide die Linien nach.

2 Damit der Stoff nicht ausfranst und länger hält, versäubere ihn rundherum mit einem Zickzackstich.

3 Als Teebeutel-Verschluss dient ein einfacher Tunnelzug. Lege deinen Stoff dafür mit rechts auf deine Unterlage, schlage die lange Seite zweimal je 1,5 cm breit um und steppe die untere Kante knappkantig ab.

4 Klappe nun deinen Stoffstreifen der Breite nach so zusammen, dass rechts auf rechts innen zu liegen kommt und dein Tunnelzug oben ist. Schließe die beiden offenen Seiten mit je 1 cm Nahtzugabe. Achtung! Der Tunnelzug muss offen bleiben. Als Letztes ziehst du mithilfe einer Sicherheitsnadel deine Kordel ein, fädelst den Holzknopf auf und verknotest die losen Enden.

12. TOLLE ROLLE

KÜCHENROLLE ZUM WIEDERVERWENDEN

Dein Geld und kostbare Bäume für Tonne und Klo? Tatsächlich könnte man es genau so sagen. Zwischen 60 und 80 Cent pro Küchenrolle, ein durchschnittlicher Frischfaseranteil von 50 Prozent (Hygienepapier Verband deutscher Papierfabriken) und eine Recyclingquote von quasi null. Keine guten Zahlen. Vor allem dann nicht, wenn man zudem noch den jährlichen Pro-Kopf-Verbrauch von über 19 Kilo im Hinterkopf hat (Deutschland 2020 Umweltbundesamt). Und deshalb kommt hier die nachhaltige und waschbare Lösung ...

MATERIAL:

Pappe, 25 x 25 cm

Stoffmarker oder Bleistift

Stoffschere

Lineal

Nähmaschine

Nähgarn

Küchenrollenhalter mit abschraub- oder abnehmbarer Stange

saugfähiger Stoff wie z. B. alte Handtücher

SO GEHT'S:

1 Zunächst bereite dir eine Schablone aus Pappe vor und schneide dafür ein 25 x 25 cm großes Quadrat aus. Übertrage nun deine Schablone mit dem Stoffmarker auf den Stoff, schneide die Linien nach und bereite so deine waschbaren »Küchenrollenblätter« vor.

2 Damit die Schnittkanten nicht mit der Zeit ausfransen, werden die Stoffquadrate rundherum mit einem Zickzackstich deiner Nähmaschine versäubert.

3 Für problemloses Abrollen bekommt eines deiner Tücher einen Tunnel verpasst. Lege die Stange von deinem Küchenrollenhalter auf den Stoff, klappe eine Kante über die Stange und steppe den Stangentunnel fest.

4 Jetzt wird gerollt. Schiebe die Stange durch den Tunnel und lege dein Tuch vor dich auf eine glatte Oberfläche. Lege das zweite Stoffquadrat so über das erste, dass es sich auf dem letzten Drittel überschneidet. Ein Stückchen einrollen und wieder das letzte Drittel mit dem ersten Drittel des nächsten Tuchs überdecken. So weitermachen, bis du alle Stoffquadrate sauber aufgewickelt hast.

13. STOFFSERVIETTEN

SO EDEL KANN NACHHALTIGKEIT SEIN

Papierservietten sind zwar nett anzusehen, aber ist es nicht jammerschade, dass sie nach nur einer Benutzung im Müll landen? Servietten aus Stoff erfüllen denselben Zweck, nur eben deutlich länger. Das macht sie eindeutig zur nachhaltigeren und auf Dauer auch kostengünstigeren Wahl. Vor allem dann, wenn du deine Stoffservietten selbst nähst und Stoffe nutzt, die schon vorhanden sind. Deshalb Schluss mit Benutzen und Wegwerfen und ein Hoch auf Waschen und Wiederverwenden!

MATERIAL:

Pappe, 37 x 37 cm

Stoffmarker oder Bleistift

Stoffschere

Lineal

Nähmaschine

Nähgarn

Stoff aus fester Baumwolle oder Leinen, wie z. B. alte Bettwäsche und Hemden

SO GEHT'S:

1 Wie immer bei Nähprojekten mit mehr als einem Stück macht eine Pappschablone das Abmessen deutlich leichter. Im Fall der Stoffservietten ist diese quadratisch und 37 x 37 cm groß.

2 Lege die Schablone auf, übertrage die Maße und schneide deinen Stoff zu.

3 Nun werden die Kanten des Stoffes umgenäht. Beginne dafür jeweils an den beiden gegenüberliegenden Seiten und schlage die Kanten zweimal je 0,5 cm breit um. Danach wird knappkantig abgesteppt. Es folgen die anderen beiden gegenüberliegenden Seiten des Stoffquadrats, und du wiederholst das Umschlagen und Absteppen. Am Ende entsteht so eine Stoffserviette mit den Maßen 35 x 35 cm.

EXTRASPARTIPP: Mit Zwiebelschalen oder Avocadokernen und -schalen lassen sich helle Stoffe wunderbar natürlich und nachhaltig färben (Tipp 110). Ganz ohne zusätzliche Kosten.

14. EINWEG ADE!

DIY-BESTECKROLLE FÜR UNTERWEGS

Vergiss Partygeschirr aus Plastik, Pappe, Holz oder exotischen Blättern. Egal wie nachhaltig und ökologisch manche der Produkte auch angepriesen werden, ein Wegwerfprodukt bleibt ein Wegwerfprodukt. Und hier landen nicht nur Ressourcen viel zu schnell im Müll, sondern auch dein Geld. Unterwegs und to go gilt deshalb wie immer: Wiederverwenden schlägt Wegwerfen. Dabei ist in den seltensten Fällen Spezialequipment notwendig. Nimm doch einfach dein Geschirr von zu Hause mit oder nutze ein Einmachglas als insektensicheres Trinkglas oder Transportbehälter. Und für den praktischen Transport von Besteck, Strohhalmen und Co. kommt hier eine schnelle Aufbewahrungsmöglichkeit zum Mitnehmen.

MATERIAL:

Lineal

Nähmaschine

Nähgarn

(altes) Küchenhandtuch oder fester Baumwollstoff, ca. 50 x 70 cm

Kordel, 35 cm

Besteck

SO GEHT'S:

1 Falte dein Geschirrtuch der Breite nach und links auf links. Nun kommt die Kordel an die Reihe, die später dein Roll-Etui zusammenhalten wird. Falte die Kordel nach etwa einem Drittel der Länge und lege den Knickteil an der langen Seite gut 2,5 cm tief und mittig zwischen die beiden Stofflagen. Bei Bedarf mit Stecknadeln oder Klammern fixieren.

2 Dann wird einmal knappkantig rundherum genäht, sodass ein doppellagiges Stoffrechteck mit Bindekordel an der langen Seite entsteht.

3 Drehe dein Stoffrechteck hochkant vor dich, klappe den unteren Teil etwa ein Drittel nach oben und nähe den Umschlag rechts und links knappkantig fest. Achtung, oben muss offenbleiben, denn das wird deine spätere Einstecktasche. Wiederhole den dritten Schritt mit einem etwas kleineren Umschlag von oben. Grundsätzlich richtet sich die Umschlaghöhe nach den Maßen deines Bestecks, das heißt vor dem Festnähen lohnt ein kleiner Probelauf mit Messer, Gabel oder Salatbesteck.

4 Im letzten Schritt kannst du nach Belieben Trennstege einnähen. Sie sorgen dafür, dass alles an seinem Platz bleibt. Besteck oben und unten einstecken, aufrollen und die Rolle mit der Kordel zubinden.

15. ZUM MILCHSCHAUM MIT DEM WEIHNACHTSBAUM

DIY-HOLZQUIRL

Jahr für Jahr stehen in deutschen Wohnzimmern knapp 30 Millionen Weihnachtsbäume und die allermeisten davon landen am Ende ihrer Tage ungenutzt im Müll. Höchste Zeit, das zu verändern. Neben zahlreichen spannenden Alternativen zum klassischen Baum kannst du zum Beispiel die Nadeln für ein Erkältungsbad nutzen oder du machst aus der Weihnachtsbaumspitze einen Quirl.

MATERIAL:

Spitze vom Weihnachtsbaum

Gartenschere

evtl. Säge

Kochfeste und stabile Schnur

großer Topf mit Wasser

scharfes Messer zum Schnitzen

Schleifpapier mit grober und mit feiner Körnung

SO GEHT'S:

1 Entscheide dich als Erstes, ob der Stiel deines Quirls der Stammteil sein soll, der oberhalb der letzten Astreihe liegt, oder der meist etwas dickere Teil darunter. Schneide dann die Baumspitze inklusive Stiel mit der Gartenschere oder der Säge ab.

2 Biege die Seitenäste in Richtung Stamm und fixiere sie mit der Schnur. Wenn nötig, kannst du sich kreuzende Überstände mit der Gartenschere kürzen.

3 Nun kommt das Ganze in kochendes Wasser. Nach 20 Minuten rausnehmen, letzte Formkorrekturen vornehmen und abkühlen lassen. Der Trick? Da Holz thermoplastisch ist, behält dein Quirl dauerhaft seine neue Form.

4 Mit dem Messer zunächst die Schnur lösen und Nadeln, Rinde und die darunterliegende Bastschicht entfernen.

5 Im letzten Schritt wird dein neuer Holzquirl noch schön glatt geschmirgelt. Beginne mit der gröberen Körnung und ende schließlich mit dem Feinschliff.

16. ZERO-WASTE-ALLZWECKWAFFE

EINMACHGLÄSER

Egal, ob als Marmeladen- oder Essiggurkenglas oder gefüllt mit Kichererbsen oder Kräutersalz: Einmachgläser kommen auf vielen Wegen zu dir und eröffnen dir damit eine kostenlose Wunderwelt der Müllvermeidung. Du kannst die transparenten Alleskönner zum Beispiel zweckentfremden, um Geschenke zu verpacken, Schneekugeln zu basteln oder um Stifte und Kleinkram aufzubewahren. Auch deine selbst gemachte Kosmetik fühlt sich im kostenlosen Glas pudelwohl. Oder aber du nutzt sie in der Küche als hübsches Plätzchen für deine Vorräte, zum Einkochen und Haltbarmachen deiner Lebensmittel oder als praktische Transportbox für Snacks, Salate und Co.

EXTRASPARTIPP: Kaffee außer Haus ist teuer und produziert unnötigen Müll. Deshalb nimm doch einfach dein Heißgetränk für unterwegs mit und nutze dafür ein Einmachglas als kostenlosen To-go-Becher. Unschlagbarer Vorteil ist es, dass der passende Deckel deinen leeren Becher später zu 100 Prozent flüssigkeitsdicht verschließt. Und bei hitzeempfindlichen Händen hilft der abgeschnittene Schaft einer alten Socke. Über dein Glas ziehen und fertig ist dein DIY-Hitzeschutz …

17. UPCYCLING STATT PLASTIK

MÜLLTÜTEN AUS ZEITUNGSPAPIER

Du liest gern Zeitung? Dann kommt hier eine tolle Idee, mit der nicht nur dein Altpapierberg schmelzen wird, sondern mit der auch der Neukauf von Mülltüten aus Plastik ab heute der Vergangenheit angehört. Wusstest du nämlich, dass du aus vier Doppelseiten einer beliebigen Zeitung eine praktische und selbst stehende Mülltüte falten kannst? Ganz ohne Kleber und andere Hilfsmittel.

SO EINFACH GEHT'S:

1 Lege die vier Doppelseiten zunächst bündig aufeinander, sodass du die Schrift lesen kannst. Falte die Blätter einmal entlang der Mittellinie von links nach rechts und danach von oben nach unten aufeinander.

2 Für die nächsten Schritte wird das Ganze so gedreht, dass rechts unten die offene Ecke zu liegen kommt. Zähle hier die oberen vier Blätter ab, fasse unter die dritte Seite und klappe die obere Faltlinie der Papiertasche auf die Mittellinie. Danach halbierst du das große Dreieck und faltest es von links nach rechts. Umdrehen und Schritt 2 auf der anderen Seite wiederholen. Auf dieser Seite liegt die offene Ecke unten links.

3 Klappe die Blätter mittig auf, sodass ein symmetrisches Häuschen vor dir liegt. Dreh das Häuschen auf die Spitze und falte die linke und die rechte Spitze etwa ein Drittel der oberen Kantenlänge nach innen. Dabei sollten die oberen Kanten bündig bleiben und die ehemaligen Ecken auf den neu entstandenen Faltlinien liegen. Falte dann diesen schmaleren Teil bis zu Dachlinie des Häuschen nach unten. Nun umdrehen und Schritt 3 auf der anderen Seite wiederholen. Dabei entsteht wieder ein Häuschen, das auf dem Dach steht, nur diesmal deutlich kleiner.

4 Fertig ist deine neue Zeitungspapier-Mülltüte. Einfach aufklappen und das Häuschendach wird zum Tütenboden. Für mehr Stabilität einfach einen Teil der seitlichen Flügelklappen unter die diagonale Faltung stecken.

ÜBRIGENS: Je mehr Lagen Zeitungspapier, desto stabiler und reißfester wird deine Mülltüte.

18. PERFEKT TEMPERIERT

GESUND UND SPARSAM

Laut Statistischem Bundesamt entfällt der größte Anteil, etwa 70,7 Prozent, des privaten Energieverbrauchs aufs Heizen. Hier lohnt sich also ein genauer Blick, denn jedes Grad weniger entspricht einer Energieeinsparung von ungefähr sechs Prozent! Die ideale Raumtemperatur in der Küche liegt bei nur 17 bis 18 Grad.
Und auch das Lüften ist ein wichtiger Faktor beim Energiesparen. Wer richtig lüftet, verschwendet keine Heizenergie, beugt Schimmel vor und sorgt für ein gesundes Raumklima. Grundsätzlich solltest du deshalb regelmäßig mit weit geöffneten Fenstern stoßlüften und, wenn möglich, zusätzlich für Durchzug sorgen. Das alles zusammen sorgt für schnellen Luftaustausch, das heißt, im Sommer heizen sich die Räume nicht auf und im Winter kühlen sie nicht zu sehr ab. Außerdem empfiehlt es sich in der Küche bereits während des Kochens zu lüften, da hier besonders viel Luftfeuchtigkeit entsteht. Eine große Hilfe bei der Optimierung des Raumklimas sind analoge oder digitale Messgeräte für Luftfeuchtigkeit und Raumtemperatur. Sie sind bereits für wenige Euro im Handel erhältlich.

EXTRASPARTIPP: Auch Boiler und Durchlauferhitzer können richtig temperiert bares Geld sparen. Bei Boilern, in denen das Wasser ja länger steht (Stichwort Keime), solltest du die Temperatur auf 60 Grad oder knapp darüber einstellen. Beim Durchlauferhitzer in der Küche reichen 45 Grad aus.

19. STAY COOL!

KÜHLEN, ABER ENERGIEEFFIZIENT

Kühl- und Gefrierschränke gehören je nach Größe, Alter und Modell mit zu den größten Stromfressern. Aber auch dort kannst du wertvolle Energie sparen, und zwar ganz ohne teure Neuanschaffung. Hast du schon einmal nachgemessen, ob dein Kühlschrank und das Gefrierfach überhaupt richtig temperiert sind? Optimal sind minus 18 Grad im Froster und 7 Grad plus im oberen Bereich des Kühlschranks. Als Faustregel gilt: Jedes Grad kälter erhöht den Stromverbrauch um bis zu zehn Prozent! Da ein voller Kühlschrank energieeffizienter ist als ein leerer, kannst du überschüssigen Platz auf den Regalböden einfach mit Kühlakkus oder Styropormüll füllen. So wird das Luftvolumen, das heruntergekühlt werden muss, verringert. Ein regelmäßiges Abtauen von Vereisungen spart ebenfalls rund 10 bis 15 Prozent Strom ein. Am effizientesten geht es der Eisschicht in der kalten Jahreszeit an den Kragen, denn da kannst du deine Lebensmittel entspannt und ohne große Temperaturschwankungen draußen auf dem Balkon oder auf der Terrasse zwischenlagern. Und zur Vorbeugung von neuem Eis solltest du den Kühlschrank so wenig wie möglich und nur so lange wie nötig öffnen, keine warmen Speisen hineinstellen und das Kühl- und Gefriergut möglichst luftdicht und wasserundurchlässig verpacken .

EXTRASPARTIPP: Wähle die Größe des Kühl- und Gefrierschranks eher konservativ, das heißt so groß wie nötig und so klein wie möglich. Achte auf stromsparende Geräte der Klasse A und verzichte auf eine Abtaufunktion, denn die verbraucht zusätzliche Energie.

20. ECO-PROGRAMM

ENERGIESPAREN AUF KNOPFDRUCK

Eco-Programme arbeiten mit langer Laufzeit und niedrigeren Temperaturen. Das spart Energie, weil besonders viel Strom allein dafür benötigt wird, das Wasser mit Heizstäben aufzuheizen. Und die Bilanz kann sich durchaus sehen lassen. Im Schnitt wird mit dem Eco-Programm von deinem Geschirrspüler nur etwa halb so viel Energie verbraucht wie im Normalprogramm. Das Kurz- oder Schnellprogramm hingegen solltest du lieber meiden. Für gleiche Reinigungsergebnisse in kürzerer Zeit wird hier nämlich deutlich mehr Energie verbraucht.

EXTRASPARTIPP: Eine regelmäßige Reinigung (ca. alle 2 Wochen) beugt Biofilmen, Bakterien und damit Gerüchen vor. Dafür beim Geschirrspüler zunächst Sieb, Sprüharme und die Türfuge gründlich putzen, und danach einen Reinigungsdurchlauf durchführen. 2-3 EL Zitronensäure ins Pulverfach und 5 EL Natron in der Maschine verteilen und dann bei mittlerer Temperatur ohne Vorprogramm laufen lassen.

21. BESSER KOCHEN

TIPPS UND TRICKS FÜR HERD UND OFEN

Auf jeden Topf passt ein Deckel, und das ist auch gut so, denn ein gut schließender Deckel kann die Kochwärme regelrecht einfangen, die Garzeit verringern und helfen, den Energieverbrauch beim Kochen um bis zu ein Drittel zu senken. Achte auch darauf, dass die Größe der Kochplatte zur Größe des Topfes oder der Pfanne passt.

Und wusstest du, dass du mit ein paar Tricks auch im Ofen Energie und Geld sparen kannst? Zum einen verbraucht allein die Umluft-Einstellung etwa 20 Prozent weniger als Ober- und Unterhitze, und du erreichst bereits mit 20 Grad weniger das gleiche Ergebnis. Zudem kannst du in vielen Fällen getrost auf das Vorheizen deines Backofens verzichten. Das gilt vor allem für Schmorgerichte und alles, was nicht knusprig werden soll. Unbedingt notwendig ist das Vorheizen allerdings beim Brotbacken.

EXTRASPARTIPP: Ein Wasserkocher bringt kleinere Mengen Wasser energieeffizienter zum Kochen als die Herdplatte. Das gilt insbesondere, wenn du einen klassischen Elektroherd mit Gusseisenplatte oder Ceranfeld zu Hause hast. Wichtig dabei ist es, immer nur die Menge zu erhitzen, die du wirklich benötigst, und deinen Kocher regelmäßig zu entkalken.

22. LET'S TALK ABOUT RESTWÄRME!

STROM UND WÄRME MEHRFACH NUTZEN

Und noch ein Tipp für Herd und Ofen: Wenn du keinen Induktionsherd besitzt, kannst du deine Herdplatte oder den Backofen bereits fünf bis zehn Minuten vor Ende der Garzeit ausschalten und so effizient die Restwärme nutzen, ohne weiteren Strom zu verbrauchen. Neben dem schlichten Nachgaren gibt es noch viele weitere wunderbare Möglichkeiten, in denen deine Restwärme sinnvoll zum Einsatz kommt.

IDEEN FÜR DIE RESTWÄRME IM OFEN

Brot- oder Brezelreste trocknen (Tipp 87)
Frische Kräuter trocknen
Hafertrester trocknen (Tipp 70)
Klein geschnittenes Obst und Gemüse trocknen
Obstschalen für selbst gemachten Früchtetee trocknen

IDEEN FÜR DIE RESTWÄRME DER HERDPLATTE

Verkrustungen und Angebranntes mit etwas Wasser lösen
Wasser für Tee (z. B. Grüntee) oder zum Abspülen erwärmen

Bei Plätzchen oder Kuchen solltest du dich allerdings lieber vorsichtig herantasten, denn hier sind oft exakte Backtemperaturen bis zum Schluss gefragt.

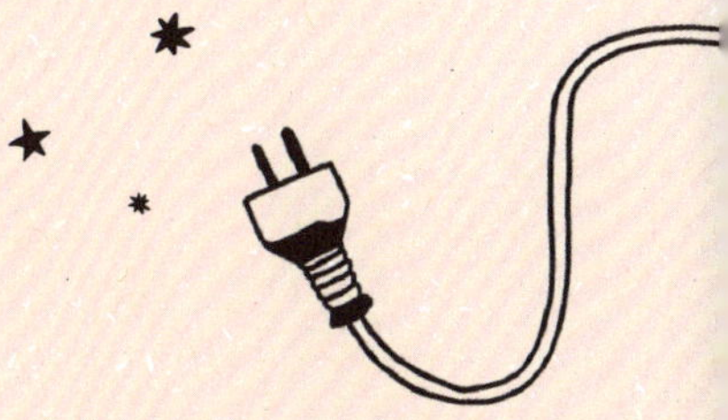

23. LOW-ENERGY-NUDELN

SO WIRD'S AL DENTE

Nudeln sind für viele ein fester Bestandteil ihrer Ernährung, und mittlerweile gibt es neben der klassischen Pasta aus Hartweizengries zahlreiche spannende Alternativen zur Auswahl. Egal ob Vollkornmehl, Linsenmehl oder Nudeln aus Kichererbsen, am Ende sollen sie al dente auf dem Teller landen. So weit, so gut. Aber wusstest du, dass du auch dabei wertvolle Energie und Geld in der Haushaltskasse sparen kannst? Der Trick heißt passives Kochen und liegt in der Dauer der tatsächlichen Kochzeit. Und so geht's: Zunächst lässt du dein Wasser im geschlossenen Topf aufkochen, gibst die Nudeln hinein und rührst um. Die Pasta zwei Minuten lang köcheln und bereits dann den Herd endgültig ausschalten. Damit die Nudeln nicht zusammenkleben noch mal gut umrühren und den Deckel unbedingt wieder auf den Topf geben. Nach wenigen Minuten Garzeit (Packungsangabe plus zwei Minuten) sind deine Nudeln perfekt und bereit für ein Bad in der Sauce deiner Wahl.

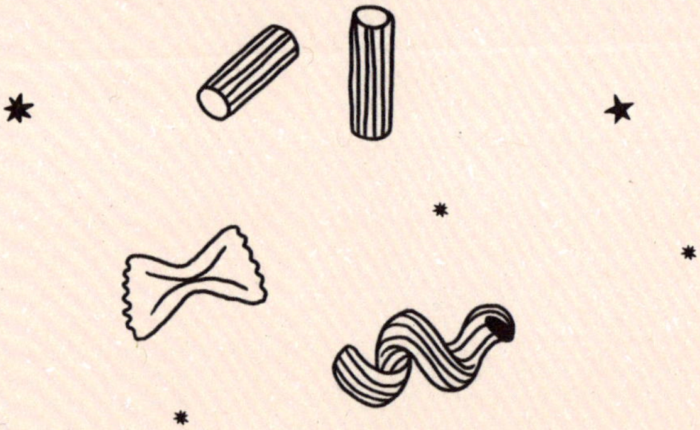

24. DECKEL AUF, TOPF REIN

ENERGIE SPAREN MIT DER KOCHKISTE

Hast du schon einmal von einer Kochkiste gehört? Das Prinzip ist schnell erklärt. Du brätst deine Zutaten im Topf auf dem Herd an, gießt sie mit Flüssigkeit auf, und ab dem Zeitpunkt, an dem der Topfinhalt über längere Zeit hin weiter köcheln müsste, kommt deine Kochkiste zum Einsatz. Die Kiste eignet sich also prinzipiell für alles, was lange Garzeiten auf dem Herd benötigt, vom simplen Kochen von Reis oder Kartoffeln bis zum Schmorgericht. Gute Kochkisten können ohne den Einsatz von zusätzlicher Energie über Stunden hohe Temperaturen halten und sind so eine tolle Unterstützung für deine Spar-Küche.

MATERIAL:

Holzkiste mit Deckel (passend für deinen Topf)

Metallfolie (z. B. alte Rettungsdecke)

Dämmmaterial (Dämmplatten aus Naturfasern, Wolle, alte Daunendecke, alte Winterjacke, Styropormüll, Zeitungspapier)

Cuttermesser oder Säge

Stift

Kleber oder Leim

SO GEHT'S:

1 Zuerst werden die Innenseiten deiner Kiste mit Metallfolie ausgekleidet. Achtung, beim Bekleben den Deckel nicht vergessen.

2 Nun folgt das Dämmmaterial. Dämmplatten aus Naturfasern oder Styropor kannst du mit einem Cuttermesser so zuschneiden, dass die Kiste komplett mit Dämmung ausgefüllt ist und der Topf am Ende passgenau in der Kiste sitzt. Beginne mit einer Platte als Basis und schneide dir dann Dämmringe zum Stapeln zu (Ausschnitt = Ø Topf plus 4 cm). Achtung, Griffmulden und genügend große Ausschnitte für die Topfgriffe nicht vergessen. Auch der Deckel der Holzkiste sollte mit einer Dämmplatte versehen werden. Hier muss unbedingt Platz für den Griff am Topfdeckel ausgeschnitten werden, damit du deine neue Kochkiste auch schließen kannst.

3 Flexibles Dämmmaterial kannst du einfach gleichmäßig rund um deinen Topf verteilen.

EXTRASPARTIPP:
Gebrauchte Holzkisten gibt es oftmals preisgünstig in Kleinanzeigen und Co.

DIE KLAR-SCHIFF-CHALLENGE

WARUM?

Wer arbeitet schon gern an einem unordentlichen Arbeitsplatz? Diese Challenge gibt dir die Chance, deine Küche gründlich auszumisten und von Grund auf neu zu organisieren. Kein Chaos mehr im Vorratsschrank, kein unordentlicher Kühlschrank und keine ungenutzten Küchengeräte.

VORBEREITUNG UND ABLAUF:

Für diese Challenge brauchst du nur eine große Kiste für Aussortiertes.

TAG 1 *Kühlschrank*

Kühlschrank reinigen, aussortieren und neu organisieren und das Gefrierfach enteisen (Tipp 19, 60 und 39).

TAG 2 *Herd*

Dunstabzugshaube, Backrohr und Herdplatten gründlich säubern (Tipp 40).

TAG 3 *Vorräte*

Vorratsschränke, Gewürzregal und Gefrierschrank oder -truhe reinigen, aussortieren und neu organisieren. Die Lebensmittel am besten nach Haltbarkeit sortieren (Tipp 59 und 62).

TAG 4 *Oberschränke und Schubladen*

Auch hier gilt reinigen, aussortieren und neu organisieren. Besonders Motivierte können heute auch dem Fettfilm auf den Oberschränken an den Kragen gehen.

TAG 5 *Arbeitsplatte und Unterschränke*

Räume die Arbeitsplatte frei. Je mehr Platz, desto leichter und schneller klappt das Saubermachen. Als Nächstes die Unterschränke reinigen, aussortieren und neu organisieren.

TAG 6 *Spüle und Spülmaschine*

Heute werden Spülmaschine und Spüle zum Glänzen gebracht und der Abfluss wieder freigemacht.

TAG 7 *Freu dich über das Ergebnis!*

AUFGABE:
Schaffst du es, in einer Woche Ordnung in deine Küche zu bringen?

INSPIRATION:

Mit jedem Teil, das in der Kann-Weg-Kiste landet, lässt du unnötigen Ballast los und schaffst dir wieder mehr Freiraum. Stück für Stück findet alles seinen Platz und neue Ressourcen werden frei. Apropos Ressourcen ... über Kleinanzeigen-Apps, Secondhand-Portale oder Gebrauchtwarenhäuser hast du die Möglichkeit, deine aussortierten Schätze zu verschenken oder zu verkaufen. Und an Fair-Teiler-Stationen kannst du ungeliebte Lebensmittel loswerden, solange sie noch haltbar und original verpackt sind.

Ist dir das Aussortieren schwergefallen?
Kannst du dir vorstellen, einige der Tagesaufgaben in deine (monatliche) Routine einzubauen? Wo hast du noch Verbesserungspotenzial erkannt?

DEIN PERSÖNLICHES ERGEBNIS:

SAUBER, grün und rein

Schmutzige Teller, angebrannte Pfannen, Fettspritzer und, und, und. Die Küche auf Dauer sauberzuhalten, ist eine echte Herausforderung und meist nicht die beliebteste Aufgabe im Haushalt. Genau darum lassen sich teure Backofensprays, Hygienetücher und Turbo-Kraftreiniger auch so gut verkaufen. Dabei braucht es weder gesundheitsschädliche Chemie noch Berge an Verpackungsplastik. Mit einfachen Tricks, erprobten Hausmitteln und praktischen DIY-Ideen putzt es sich nämlich deutlich nachhaltiger und kostengünstiger.

25. LEICHTER PUTZEN

GEWUSST WIE

Schon mal was vom Sinnerschen Kreis gehört? Mit diesem Basiswissen zu Putzen und Reinigung verlieren Flecken und Co. schnell ihren Schrecken, und du kannst am Ende Reinigungsmittel, Energie und Geld sparen. Im vergangenen Jahrhundert entdeckte der Chemiker Herbert Sinner einen spannenden Zusammenhang, der fortan unter dem »Reinigungskreis nach Sinner« oder dem Sinnerschen Kreis bekannt wurde. Um Dinge sauber zu bekommen, bedarf es nämlich grundsätzlich vier Faktoren: Chemie (= Reinigungsmittel), Mechanik (= Kraftaufwand), Temperatur und Zeit.

Da diese Faktoren einen geschlossenen Kreis bilden, stehen auch alle Faktoren miteinander in Verbindung. Das heißt, vergrößert sich zum Beispiel dein Kraftaufwand, und du schrubbst kräftiger, dann kann dafür ein anderer Faktor verkleinert werden, und du benötigst weniger oder nur ein milderes Reinigungsmittel. Oder du lässt dein schmutziges Geschirr zum Beispiel länger einweichen (= mehr Zeit), dann kannst du die Spültemperatur reduzieren und verbrauchst so weniger Energie. Egal, ob beim Eco-Programm (Tipp 20) vieler Haushaltsgeräte, bei der Vorbehandlung von Flecken oder bei selbst gemachtem Reinigungsmittel statt Chemiekeule: Das Sinnersche Wirkungsprinzip steckt hinter vielen nachhaltigen Alltagsanwendungen, und es kann dir helfen, wertvolle Energie zu sparen und die Umwelt zu entlasten.

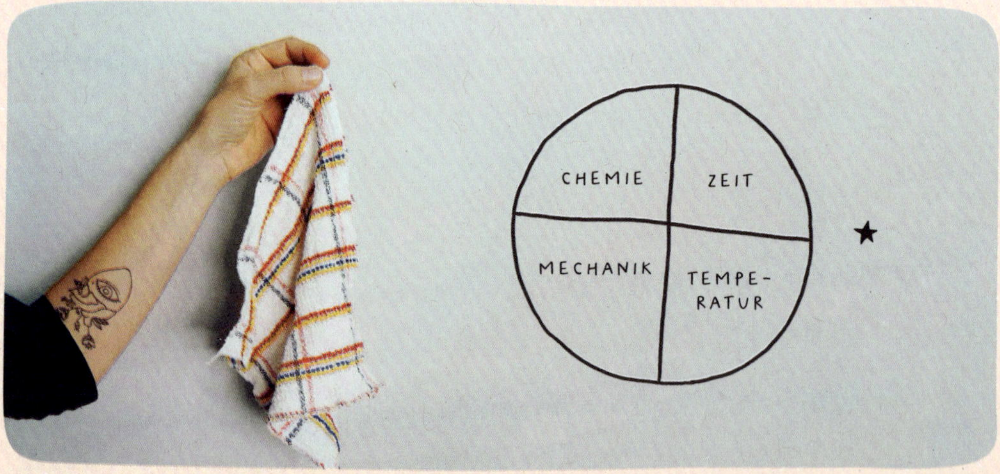

26. DIY-REINIGUNGSMITTEL

SO SPARST DU GELD UND MÜLL

Putz- und Reinigungsmittel sind oft teuer und belasten die Umwelt unnötig mit einem Cocktail aus verschiedenen Chemikalien. Das ist weder nachhaltig noch gesund, denn übertriebene Hygiene und ein Zuviel an Haushaltschemie kann zu Allergien führen oder deine Haut und Atemwege schädigen. Weniger ist eindeutig mehr. Statt einer Sammlung an Mittelchen für alle Eventualitäten und jede Lebenslage brauchst du nur eine Handvoll preiswerter Hausmittel, um dein Zuhause hygienisch sauber zu halten.. Und die richtigen Rezepte zum Selbermachen deiner neuen Lieblinge für Wochenputz und Co.

DIE BASISAUSSTATTUNG:

- (Wasch-)Soda (Natriumcarbonat)
- Natron (Natriumhydrogencarbonat)
- Kernseife
- heller Essig
- Essigessenz
- Zitronensäurepulver
- Spiritus
- Gefäße wie leere Sprühflaschen, Gläser oder Dosen (hier kannst du leere Geschirrspülflaschen, Marmeladengläser usw. nutzen)
- Aufkleber oder Marker für die Beschriftung

ÜBRIGENS:
Laut dem Bundesministerium für Naturschutz, nukleare Sicherheit und Verbraucherschutz kaufen Privathaushalte in Deutschland jährlich etwa 1,5 Millionen Tonnen Wasch- und Reinigungsmittel. Damit könnte man 900 Güterzüge beladen. Dadurch gelangen jährlich etwa 564.554 Tonnen Tenside, Duftstoffe, Phosphonate, Enzyme oder Silikone ins Abwasser.

27. ZWEI FÜR ALLES!

2 X DIY-ALLESREINIGER

Zwei für alles! Selbst gemachter Allzweckreiniger kostet nur ein paar Cents und spart auf Dauer jede Menge Verpackungsmüll.

VARIANTE 1:

700 ml Wasser

2 TL geriebene Kernseife

3 TL Natron

1 Sprühflasche

SO GEHT'S:

1 Bringe das Wasser in einem Topf zum Kochen, nimm es vom Herd und rühre mit einem Schneebesen zunächst die geriebene Kernseife ein.

2 Sobald sich die Seife aufgelöst hat, kannst du das Natron hinzufügen und es ebenfalls unter Rühren auflösen.

3 Lass die Mischung abkühlen und fülle sie in deine Sprühflasche. Vor Gebrauch schütteln.

Wenn du die Haltbarkeit von ca. 2 Wochen erhöhen willst, kannst du einen Teil des Wassers durch Alkohol (z. B. Wodka, Korn) ersetzen. Für einen konservierenden Alkoholanteil von 12–15 Prozent brauchst du um die 100 ml Alkohol und 600 ml Wasser.

VARIANTE 2:

600 ml Wasser

1/2 TL geriebene Kernseife

1 Sprühflasche

2 EL Essigessenz

SO GEHT'S:

1 Wasser in einem Topf zum Kochen bringen, den Topf vom Herd nehmen und die Kernseife unter Rühren darin auflösen.

2 Die abgekühlte Flüssigkeit in eine Sprühflasche abfüllen, die Essigessenz hinzugeben und alles gut mischen.

Vorsicht! Aufgrund der Säure nicht für empfindliche Oberflächen wie Naturstein, Linoleumböden und Silikonfugen und -dichtungen geeignet.

28. ROHR FREI OHNE CHEMIE

ABFLUSS REINIGEN LEICHT GEMACHT

Auch gegen verstopfte Abflüsse ist ein preisgünstiges (Haus-)Mittel gewachsen, genauer gesagt, zwei. Kommen nämlich Natron und Essig zusammen, so reagieren sie miteinander, und es wird Kohlenstoffdioxid freigesetzt. Vereinfacht gesagt, sprudelt und schäumt es gewaltig in deinem Abflussrohr, und dadurch werden Ablagerungen und beginnende Verstopfungen gelockert bzw. gelöst.

MATERIAL:

4 EL Natron

150 ml Essigessenz

1 Lappen

SO GEHT'S:

1 Schütte zuerst das Natronpulver und schließlich den Essig in deinen Abfluss und decke die Öffnung zügig mit einem feuchten Lappen ab.

2 Lass das Gemisch 5–10 Minuten einwirken und spüle dann mit 2 Liter kochendem Wasser nach.

EXTRASPARTIPP: Vorbeugen kann Zeit und Geld sparen. Deshalb sprudle deine Abflüsse am besten einmal im Monat frei, denn sitzt die Verstopfung erst mal fest, wird es umso schwieriger, sie wieder loszuwerden.

29. KALK ADE!

WEG MIT DEN ABLAGERUNGEN

ENTKALKER

Wofür? Wasserkocher, Armaturen, Perlstrahler

Vorteil? Zitronensäure löst Kalk, ohne Dichtungen und Co. aus Silikon oder Gummi anzugreifen.

Wie? 2–3 EL Zitronensäure in 1 l warmem Wasser auflösen und als Entkalker nutzen. Danach gut spülen bzw. nachwischen.

Vorsicht: Die Mischung aus Wasser und Zitronensäure nicht zu hoch erhitzen, da sich sonst ein harter weißer Belag, das Calciumcitrat, bilden kann.

WIENER KALK

Wofür? Kalkablagerungen, Kalkseifenreste und Schmutzränder auf scheuerbeständigen Oberflächen wie Waschbecken, Spülbecken, Fliesen und Töpfen.

Vorteil? Umweltfreundliches und preiswertes Scheuermittel ohne Mikroplastik.

Wie? 2 EL Wiener Kalk und etwas Wasser zu einer Paste anrühren. Danach gut abspülen und trocken nachwischen.

KALKSPRAY

Wofür? Für säurebeständige Oberflächen in Küche und Bad. Nicht für empfindliche Oberflächen wie Naturstein geeignet.

Wie? 500 ml Wasser aufkochen, etwas abkühlen lassen und ½ TL geriebene Kernseife und 4 EL Zitronensäurepulver einrühren. Lösung in eine Sprühflasche abfüllen. Vor Gebrauch schütteln, aufsprühen, einwirken lassen, sauber putzen und abspülen. Nach Anwendung trocken nachwischen.

30. BUT FIRST, COFFEE

KAFFEEMASCHINE ENTKALKEN

Deine Kaffeemaschine braucht ewig lang, ist laut und die Crema war auch schon mal besser? Dann ist es wahrscheinlich Zeit zum Entkalken, und das klappt in der Regel selbst bei hochwertigen Maschinen wunderbar mit preisgünstigen Hausmitteln statt dem teuren Spezialentkalker. Achtung: Um säureempfindliche Bauteile, z. B. aus Aluminium, Kunststoff oder Silikon, zu schonen unbedingt die Betriebsanleitung sorgfältig lesen.

SO GEHT'S:

FILTERKAFFEEMASCHINE

1 Gib eine Entkalkerlösung aus einem Teil Tafelessig und zwei Teilen Wasser in den Wassertank und starte deine Kaffeemaschine wie üblich.

2 Nachdem die Essiglösung durchgelaufen ist, den Vorgang noch zweimal mit klarem Wasser wiederholen.

KAFFEEVOLLAUTOMAT *und* SIEBTRÄGERMASCHINE *(mit der Möglichkeit zur Kaltentkalkung):*

1 Mische eine Entkalkerlösung aus 2–3 EL Zitronensäure in 1 l warmem Wasser. Warte, bis sich die Kristalle gelöst haben, und fülle die Mischung in den Tank.

2 Starte dein Kaltentkalkungsprogramm bzw. lass die Flüssigkeit mit ausgeschaltetem Heizkessel durch dein Gerät laufen.

3 Zum Abschluss den Vorgang noch zweimal mit klarem Wasser wiederholen.

SIEBTRÄGERMASCHINE *und* KAFFEEPADMASCHINEN:

1 Mische eine Entkalkerlösung aus 2 EL Weinsäure in 1 l warmem Wasser. Warte, bis sich die Kristalle gelöst haben, und fülle die Mischung in deinen Tank.

2 Lass die Flüssigkeit durch dein Gerät laufen und spüle im Anschluss noch zweimal mit klarem Wasser nach.

31. ZERO WASTE IN DER KÜCHE

GESCHIRRSPÜLMITTEL

Auch Zero-Waste-Geschirrspülen ist kein Hexenwerk und schont dabei Umwelt und Geldbeutel. Wie das klappen kann? Ganz einfach ...

VARIANTE »SELBST GEMACHT«:

1 EL Soda

1 EL Natron

500 ml warmes (abgekochtes) Wasser

1 Flasche mit Spenderaufsatz

SO GEHT'S:

Gib die festen Zutaten in deine Flasche und fülle das Ganze mit warmem Wasser auf. Nun so lange umrühren oder schütteln, bis sich alles aufgelöst hat.

VARIANTE »FESTE SEIFE«

Wusstest du schon, dass du auch mit fester Seife abspülen kannst und diese Variante im Vergleich zu flüssigem Spülmittel besonders ergiebig ist? Gut geeignet ist reine Olivenölseife wie Aleppo- oder Marseilleseife. Einfach die feuchte Spülbürste über die Seife reiben und schon kannst du drauflosspülen.

ÜBRIGENS: Wenn du in einer Region mit sehr kalkhaltigem Wasser wohnst, hilft ein Schuss Essig im Spülwasser, Kalkseifeschlieren und Ablagerungen auf Geschirr und im Spülbecken zu vermeiden.

32. GESCHIRRSPÜLPULVER

MIT DEM BAUKASTEN ZU STRAHLENDEM GESCHIRR

Geschirrspültabs sind leicht zu dosieren und einfach in der Anwendung. Doch hast du schon einmal die Kilopreise von Pulver und Einzelportionen verglichen? Die kleinen, vermeintlich praktischen Helfer haben nämlich ihren Preis und kosten oftmals ein Vielfaches der Variante zum Selbstdosieren. Doch neben dem Griff zum Geschirrspülpulver können umweltbewusste Sparfüchse noch einen Schritt weiter gehen und zwar mit einem ergiebigen Geschirrspülpulver nach dem Baukastensystem.

ZUTATEN:

geraspelte Kernseife (wenn möglich ohne Palmöl und tierische Fette)

Waschsoda

Sauerstoffbleiche

Zitronensäure

4 große Einmachgläser

Teelöffel zum Dosieren

SO GEHT'S:

Bei hartem und kalkreichem Wasser
Dosierung pro Spülgang
1 TL Waschsoda
1 TL Sauerstoffbleiche
½ TL Zitronensäure
½ TL Kernseife

Bei weichem und kalkarmem Wasser
Dosierung pro Spülgang
1 TL Waschsoda
1 ½ TL Sauerstoffbleiche
½ TL Kernseife

ÜBRIGENS:
Auf Klarspüler und Maschinensalz solltest du je nach Herstellerangabe und Wasserhärte trotzdem nicht verzichten. Als DIY-Klarspüler eignet sich z. B. eine Mischung aus 250 ml Wasser, 250 ml Wodka und 3 EL Zitronensäure.

33. KUPFER, BABY!

SCHRUBBEN OHNE KRATZER UND CHEMIE

Angebranntes aus Töpfen, Pfannen und von Kochplatten zu entfernen, ist nicht die beliebteste Aufgabe im Haushalt. Da hilft nur kräftig scheuern und schrubben. Doch viele der angebotenen Scheuerprodukte sind nicht gerade preiswert und entweder zu hart und aggressiv für empfindliche Oberflächen oder nicht wirksam genug. Besser klappt es hingegen mit einem kleinen, glänzenden Helfer, der vor dem Siegeszug der Kunststoffe noch in den meisten Küchen zu finden war: Das Kupfertuch. Dank der besonderen Eigenschaften von Kupfer als Weichmetall ist es für Glas, Edelstahl, Stahl, Aluminium und sogar Chrom geeignet und reinigt ohne zu verkratzen. Und dabei hat Kupfer eine weitere faszinierende Eigenschaft, denn es wirkt bakterizid, das heißt Bakterien sterben bei Kontakt mit dem Metall ab. Einfach Flecken und Ablagerungen mit etwas Wasser oder eine Spülmittellösung befeuchten, mit dem Tuch abreiben und schon wird alles wieder blitzblank. Ganz ohne gesundheitsschädliche Chemie. Kupfertücher sind in der Erstanschaffung zwar etwas teurer als Schwämme aus Kunststoff und Co., sie halten aber viele Jahre und sind in der Waschmaschine bei 60 Grad waschbar.

ÜBRIGENS: Am Ende ihres Lebens als Putzhilfe solltest du dein Kupfertuch unbedingt im Altmetall entsorgen, denn der Rohstoff lässt sich verlustfrei recyceln. Heute stammen bereits 45 Prozent des in Europa verwendeten Kupfers aus dem Recyclingkreislauf.

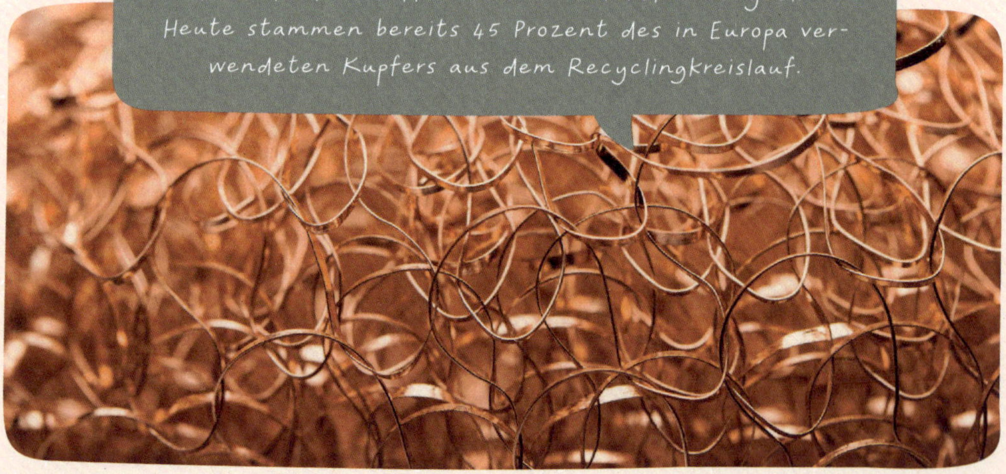

34. WISCH ES WEG

ALLZWECKTÜCHER ZUM SPÜLEN UND WISCHEN

Tische wischen, Geschirr abspülen, verschüttetes Salatdressing vom Boden entfernen. Die potenziellen Einsatzbereiche für ein Küchenspültuch sind groß, und deshalb kommt hier eine schnelle und unkomplizierte Alternative zum Wegwerfprodukt aus dem Handel. Wer braucht schon Schwammtücher und Putzlappen aus Kunststoff, wenn du mit wenigen Handgriffen deine eigenen praktischen Haushaltshelfer zaubern kannst?

MATERIAL:

Pappe, 20 x 20 cm

kochfester, saugfähiger Stoff, z. B. alte Handtücher oder Mullwindeln

Stoffmarker oder Bleistift

Stoffschere

Lineal

Nähmaschine

Nähgarn

Stecknadeln oder Klammern

SO GEHT'S:

1 Zunächst bereite dir eine quadratische Schablone 20 x 20 cm aus Pappe vor, denn dann geht das Abmessen und Anzeichnen gleich viel einfacher. Übertrage nun die Schablone mit dem Stoffmarker auf deinen Stoff und schneide die Linien nach. Pro Spültuch benötigst du je zwei Stofflagen. Hier kannst du auch verschiedene Oberflächen miteinander kombinieren, z. B. einmal glatt und einmal Frottee.

2 Stecke nun deine beiden Stofflagen links auf links bündig aufeinander und nähe die Stoffquadrate rundherum mit einem Zickzackstich deiner Nähmaschine zusammen. Für noch mehr Halt und Stabilität kannst du zusätzlich parallel zu den Kanten Steppnähte im Abstand von je 5 cm abnähen.

EXTRASPARTIPP:

Du hast nicht die passenden Altkleider im Haus? Dann frag doch einfach mal im Familien- oder Freundeskreis nach. Upcycling spart nicht nur Geld, sondern senkt auch den Verbrauch an Ressourcen und Energie.

35. SCHLUSS MIT WEGWERFEN

DIY-SPÜLSCHWAMM AUS OBSTNETZEN

Viele Obst- und Gemüsesorten werden in bunten Netzen aus Plastik verkauft, und auch dafür gibt es eine bessere Lösung, als sie wegzuwerfen. Upcycling heißt das Zauberwort und schon bekommst du zu Zwiebeln und Zitronen ein Spülpad kostenlos dazu.

MATERIAL:

3–4 Obst-und Gemüsenetze aus Kunststoff

Schere

Sticknadel (passend zum Garn)

kochfestes Baumwollgarn

SO GEHT'S:

1 Entferne zunächst sorgfältig alle Etiketten und Metallklammern von deinen Netzen.

2 Lege die Netze so gut es geht übereinander, klappe die Außenseiten ein und falte ein kleines, möglichst rechteckiges Paket. Alle offenen Faltkanten sollten an den Außenseiten deines Spülpads zu liegen kommen. Als Größe ist alles zwischen 10 und 15 cm Seitenlänge denkbar.

3 Nun musst du das Paket haltbar machen. Verbinde die Netzschichten rundherum mit der Sticknadel und ein paar einfachen Stichen. Denkbar ist hier z. B. ein Schlingenstich oder ein Überwendlichstich. Bei Letzterem stichst du ca. 5 mm von der Kante auf der Rückseite ein, legst deinen Faden von vorn nach hinten über die Kante und stichst in regelmäßigem Abstand wieder von hinten nach vorne durch dein Spülpad. Der Faden verläuft in schräger Linie zur Kante.

ÜBRIGENS: Mit der passenden Häkelnadel kannst du dein Spülpad auch umhäkeln, statt es zusammenzunähen. Beginne mit einer Runde fester Maschen und fixiere so alle Netzschichten miteinander. An den Ecken je drei feste Maschen in dasselbe Loch einhäkeln und je nach Geschmack für einen breiteren Saum noch ein oder zwei Runden feste Maschen anschließen.

36. LANG LEBE DEIN KOCHLÖFFEL!

DIE RICHTIGE PFLEGE MACHT'S

Seit Jahrhunderten finden sich Kochutensilien aus Holz in Küchen rund um den Erdball. Und sie können im Vergleich zu Küchenbrettern und Kochlöffeln aus Plastik mit ein paar entscheidenden Vorteilen aufwarten. Holz ist ein natürlicher, nachwachsender Rohstoff, hitzebeständig und widerstandsfähig, aber dennoch weich genug, um selbst beschichtete Pfannen und Töpfen nicht zu verkratzen. Zudem haben zahlreiche Studien bewiesen, dass Holz wohl eines der hygienischsten Materialien überhaupt ist. Dank seiner Inhaltsstoffe (Polyphenole) und der hygroskopischen Eigenschaften wirkt es dauerhaft antibakteriell, Grund genug also, in der Küche eindeutig das Naturprodukt den bunten Kunststoffen vorzuziehen.
Und noch etwas macht Küchenhelfer aus Holz unschlagbar, denn mit der richtigen Pflege sind sie unglaublich langlebig und helfen dir so auf Dauer beim Sparen.

SO GEHT'S:

Für die regelmäßige Reinigung Kochlöffel und Holzbretter wie gewohnt mit Spülmittel und Spülbürste gründlich reinigen. Mit klarem Wasser nachspülen und gut trocknen lassen.

Bei hartnäckigen Verfärbungen hilft eine Lösung aus Wasser und Soda (1 EL auf 1 l). Kochlöffel einfach über Nacht oder bei Bedarf auch mehrere Tage einlegen, Holzbretter mit der Lösung abbürsten. Danach mit klarem Wasser nachspülen und trocknen lassen.

Tief sitzende Fette und Ablagerungen kannst du mit einem Bad in heißem Wasser entfernen. Wasser zum Kochen bringen, Kochlöffel einlegen und 5 Minuten lang köcheln lassen.

Spröde Stellen kannst du mit einem Schleifpapier wiederaufarbeiten. Im Anschluss mit einem guten Speiseöl einölen.

37. SHAKE IT!

FLASCHEN EINFACH SAUBER SCHÜTTELN

Sicher hast du zu Hause mindestens eine Mehrwegflasche für unterwegs. Wiederverwendbare Flaschen aus Edelstahl oder Glas sind ein toller Beitrag zur Nachhaltigkeit im Alltag und helfen, unnötigen Müll zu vermeiden. Für die schnelle tägliche Reinigung reichen heißes Wasser und etwas Spülmittel aus, doch wie wirst du hartnäckige Ablagerungen von Tee, Säften oder Kalk los? Ganz einfach: Gib 2–3 EL trockenen Reis in deine Flasche, Deckel drauf und kräftig schütteln. Dann kommt gerade so viel Wasser auf den Reis, dass er bedeckt ist und noch einmal richtig durchschütteln. Durch die Reibung lösen sich Beläge wie von selbst und du bekommst auch die Stellen sauber, die sonst nur schwer erreichbar wären. Jetzt die Flasche ausspülen und trocknen lassen. Bei Bedarf kannst du dem Wasser auch 1 EL Essigessenz hinzufügen.

EXTRASPARTIPP: Wenn du den Reis mit einem Sieb auffängst und ausgebreitet auf einem flachen Teller trocknen lässt, kannst du ihn viele Male wiederverwenden.

38. SO WIRST DU JEDEN AUFKLEBER LOS

ETIKETTEN ADE!

Wer (Plastik-)Müll vermeiden und Geld sparen möchte, der wird früher oder später zum Einmachglas-Fan. Doch wie in aller Welt entfernt man all die Etiketten, ohne lästige Kleberückstände zu hinterlassen? Während sich manche Aufkleber bereits in einem kurzen Bad mit warmem Spülwasser lösen, kleben manch andere so hartnäckig, als gäbe es kein Morgen. Höchste Zeit also für die besten Tipps und Tricks für klare Sicht ...

SO GEHT'S:

1 Zunächst das Etikett so gut wie möglich grob entfernen. Erwärme die Stelle vorsichtig mit einem Föhn auf mittlerer Stufe. Durch die Wärme beginnt sich der Kleber zu verflüssigen, und du kannst den Aufkleber schließlich abziehen. Robuste Gefäße, z. B. aus Glas, kannst du mit einem Glasschaber abkratzen.

2 Den Rest erledigt einfaches Pflanzenöl. Die Kleberückstände einreiben, gut einwirken lassen und abrubbeln. Bei unempfindlichen Flächen kannst du dein Kupfertuch zur Hilfe nehmen, und auch hier wirkt die Wärme eines Föhns unterstützend.

3 Eine weitere Möglichkeit ist eine Scheuerpaste aus zwei Teilen Natron und einem Teil Öl. Streiche die Mischung auf deine Klebereste und lasse sie etwa 10 Minuten wirken. Danach die Stelle mit der Paste abreiben.

4 Am Ende gut reinigen und das Etikett ist verschwunden.

EXTRASPARTIPP:
Zum Abrubbeln und Reinigen eignen sich z. B. alte Socken.

39. HYGIENISCHE SAUBERKEIT FÜR WENIG GELD

COOLE TRICKS

Kennst du auch diese Studien, die besagen, dass sich in Kühlschränken oft mehr Keime tummeln als in so mancher Toilette? Eine regelmäßige Grundreinigung kann also auf keinen Fall schaden, und wer weiß, vielleicht kombinierst du sie ja sogar gleich mit dem Abtauen deines Gefrierfachs (Tipp 19). Die gute Nachricht ist, dass du für hygienische Sauberkeit weder aggressive Reiniger noch teure Desinfektionsmittel brauchst. Spüle zunächst alle Teile, die du ausbauen kannst, gründlich mit Spülmittel und heißem Wasser. Danach ist das Innere des Kühlschranks an der Reihe. Mische einen Teil Haushaltsessig mit zwei Teilen warmem Wasser und wische damit alle Oberflächen ab. Besonderes Augenmerk solltest du hier auf die Türdichtungen und die Rückwand legen. Mit klarem Wasser nachputzen, mit einem sauberen Tuch abtrocknen und die trockenen Einzelteile wie Einlegeböden und Gemüseschublade wieder einbauen.

ÜBRIGENS: Gegen unangenehme Gerüche hilft ein Schälchen mit gemahlenem Kaffee, mit Natron oder Backpulver. Einfach offen in den Kühlschrank stellen und schon werden Gerüche gebunden und neutralisiert.

40. GRÜNER ALS BACKOFENSPRAY UND PYROLYSE

EIN HOCH AUF GÜNSTIGE HAUSMITTEL!

Von B wie Backpulver bis Z wie Zitrone, so einfach klappt's mit der nachhaltigen und kostengünstigen Backofenreinigung. Und im Vergleich zur sogenannten Pyrolyse, bei der dein Ofen auf Temperaturen von bis zu 500 Grad aufgeheizt werden muss, kannst du mit diesen Methoden zudem wertvolle Energie sparen.

Noch leichter geht's übrigens ohne Tür. Wusstest du nämlich, dass sich bei vielen Modellen an den Scharnieren ein kleiner Hebel befindet? Einmal auf beiden Seiten umklappen und schon kannst du die Türe abbauen.

VARIANTE »ZITRONE«:

Saft von 2 Zitronen

150 ml Wasser

hitzebeständige Schale oder Auflaufform

SO GEHT'S:

Gib die Zitronensaft-Wasser-Mischung in das Schälchen und stelle es in den Backofen. Auf 120 Grad aufheizen, die Flüssigkeit verdunsten lassen und den Ofen wieder ausschalten. Danach die gelösten Verkrustungen mit einem feuchten Tuch entfernen.

VARIANTE »BACKPULVER«:

3 Päckchen Backpulver

120 ml Wasser

3 EL Haushaltsessig

hitzebeständige Schale oder Auflaufform

SO GEHT'S:

Diese Methode funktioniert ähnlich wie die Zitronen-Variante. Mische Backpulver, Wasser und Essig und gib das Ganze in ein Schälchen. Dann ab damit in den Backofen und bei 100 Grad für etwa eine Stunde aufheizen. Den Ofen wieder ausschalten und schließlich den Schmutz einfach mit einem feuchten Tuch abwischen.

VARIANTE »SALZ«:

Speisesalz

SO GEHT'S:

Wische deinen Backofen feucht aus und bedecke alle Ablagerungen mit einer Schicht aus Salz. Jetzt den Ofen auf 50 Grad aufheizen und so lange warten, bis das Salz braun wird. Den Ofen ausschalten und das Salz abnehmen. Noch feucht nachwischen und schon ist alles wieder blitzblank. Diese Methode ist auch wunderbar für Backbleche geeignet.

EXTRASPARTIPP: Oberflächen aus Edelstahl werden strahlend schön, wenn du sie mit der Innenseite von Kartoffelschalen polierst und dann trocken nachwischt. Durch die Stärke werden Flecken entfernt und die Oberfläche läuft nicht mehr an.

Die Was-steckt-in-meinem-Putzmittel Challenge

WARUM?

Jahr für Jahr kaufen wir Deutschen etwa 1,5 Millionen Tonnen Wasch- und Reinigungsmittel (BMUV). Dabei wächst das Sortiment an teuren Spezialreinigern, Wäschedüften und Powersprays noch immer stetig. Was bleibt, sind etwa 564.554 Tonnen Tenside, Duftstoffe, Phosphonate, Enzyme, Silikone im Abwasser (BMUV), Mikroplastik und flüssige Kunststoffverbindungen in Gewässern. Nicht zu vergessen die unnötigen Risiken für deine Gesundheit. Höchste Zeit für etwas mehr Bewusstsein, denn Wasch- und Reinigungsmittel sollen zwar ihren Zweck erfüllen, dabei aber möglichst unschädlich für Körper und Umwelt sein.

VORBEREITUNG UND ABLAUF:

Ran an die Putzschränke und all die bunten Plastikfläschchen und Reinigungssprays. Heute ist eine gründliche Bestandsaufnahme angesagt. Eine wunderbare Übersetzungshilfe für kryptische Gefahrenzeichen und chemische Fachbegriffe sind die beiden Apps Tox Fox und Codecheck. Einfach den Strichcode auf der Verpackung scannen und schon bekommst du alle wichtigen Informationen in verständlicher Form angezeigt.

AUFGABE:

Findest du heraus, welche potenziell schädlichen Inhaltsstoffe in deinen Putzmitteln schlummern? Wie viele von deinen vermeintlich so praktischen Helfern kannst du reduzieren?

INSPIRATION:

Allergierisiken, Mikroplastik, flüssige Kunststoffe, hormonell wirksame Substanzen und stark ätzende Chemikalien. Vieles von dem, was im Durchschnitts-Putzschrank lagert, ist unnötig. Die meisten Verschmutzungen, Flecken und Ablagerungen lassen sich ebenso gut mit ungefährlichen Inhaltsstoffen in den Griff bekommen. Im Buch findest du zahlreiche Rezepte, um deine Reinigungsprodukte Schritt für Schritt gegen nachhaltige und kostengünstige Alternativen auszutauschen.

War dir bewusst, was für Inhaltsstoffe in deinen Putzmitteln stecken?
Was war die größte Überraschung?
Wie viele deiner Putzvorräte brauchst du wirklich?
Kannst du dir vorstellen, dein konventionelles Lieblingsprodukt durch ein selbst gemachtes Pendant zu ersetzen?

ÜBRIGENS:
Putzmittel gehören keinesfalls in den Restmüll oder Ausguss. Sie sind Sondermüll und müssen als Problem- bzw. Schadstoffe entsorgt werden. Viele Städte und Gemeinden bieten hierfür sogenannte Gift- oder Schadstoffmobile an.

DEIN PERSÖNLICHES ERGEBNIS:

EINKAUFEN und lagern

Klar, in der Küche wird gekocht. Doch tatsächlich kannst du bereits beim Einkaufen und bei der richtigen Lagerung deiner Lebensmittel den Fokus klar auf mehr Nachhaltigkeit setzen und dabei auch noch jede Menge Geld sparen. Wie das klappen kann? Mit guter Vorbereitung, einer bewussten Auswahl und indem du dich traust, Gewohntes zu hinterfragen und Neues auszuprobieren. Und genau für diese wichtigen ersten Schritte gibt es hier ein paar einfache Tipps und Tricks, die Vorratskammer und Kühlschrank schnell in eine grüne Zone verwandeln ...

41. EASY LEBENSMITTEL RETTEN

SO KLAPPT'S!

Lebensmittel vor der Mülltonne zu retten, macht gleich mehrfach Sinn, denn es hilft, das optimal zu nutzen, was schon da ist. So schonst du wertvolle Ressourcen und sparst zudem bares Geld. Wie das funktioniert? Ganz einfach ...

PRIVATES FOODSHARING MIT FREUND*INNEN, FAMILIE UND NACHBAR*INNEN

Du fährst in den Urlaub, aber der Kühlschrank ist noch nicht leer gegessen? Nach der Party hat der Nachbar noch jede Menge vom Büfett übrig? Dann starte doch dein persönliches Foodsharing und teilt eure Reste. Im Laufe der Zeit etabliert sich so mit Nachbar*innen und Freund*innen eine Art Netzwerk, das verhindern kann, dass noch Essbares weggeworfen wird.

FOODSHARING

Der Verein Foodsharing engagiert sich professionell gegen Lebensmittelverschwendung, und jeder und jede kann mitmachen. Dabei werden Lebensmittelspenden von Privatpersonen, Gastronomiebetrieben oder Bäckereien gesammelt und über feste Verteilstationen, sogenannte »Fair-Teiler«, öffentlich zugänglich gemacht. Das Ergebnis: kostenloses Essen und weniger Lebensmittel im Müll. *www.foodsharing.de*

»TOO GOOD TO GO«-APP

Diese Smartphone-App zeigt dir den Weg zu übrig gebliebenen Lebensmitteln in Restaurants, Bäckereien, Cafés oder Imbissen. Einfach online deine Portion reservieren, bezahlen und abholen, und schon bekommst du Reste oder zu viel Produziertes zu günstigen Preisen.

RETTERBOXEN

Spezialisierte Läden und Lieferdienste bieten krummes und nicht normschönes Obst und Gemüse zum kleinen Preis. Und auch im Supermarkt oder Discounter lohnt es sich, nach sogenannten »Retterboxen« Ausschau zu halten.

DEINE ERNTE

www.deineernte.de unterstützt Menschen dabei, ihre Ernteüberschüsse an die Frau oder den Mann zu bringen. Vom Apfel über Zucchini bis hin zur selbst gemachten Marmelade. Hier kannst du kostengünstig vom Zuviel anderer profitieren und frische, regionale Lebensmittel kaufen.

42. ALLES AUFESSEN

FROM LEAF TO ROOT UND FROM NOSE TO TAIL

Neben den allseits beliebten, aber teuren Filetstücken ist an einem Tier noch vieles mehr für die Ernährung geeignet. Wusstest du zum Beispiel, dass Zunge mild im Geschmack ist und überwiegend aus reinem Muskelgewebe besteht? Innereien und Co. sind preiswert, oftmals sogar für Koch-Anfänger*innen gut geeignet. Ein Revival in deiner Küche hilft dabei, Nutztieren durch die Ganztierverwertung ein Mindestmaß an Respekt zu zollen.

Und auch bei vielen Gemüsesorten sind wir extrem wählerisch und verschmähen oft einen großen Teil von dem, was eigentlich küchentauglich wäre. Beim Lauch landen so ganze 60 Prozent des Zwiebelgewächses im Müll. Was für eine Verschwendung! Dabei geht es mit etwas Neugier und abseits der ausgetretenen kulinarischen Pfade auch anders.

So verwandeln sich etwa Kartoffel- und Karottenschalen im Backofen mit etwas Olivenöl und Salz in knusprige Chips, getrocknetes Selleriegrün wird zum herzhaften Würzpulver und das Einweichwasser von Kichererbsen überrascht als veganes Macaron (Tipp 100).

ÜBRIGENS:

Solltest du ein/e Fleischesser*in sein und noch Berührungsängste mit preisgünstigen Innereien, Zunge, Blutwurst und Co. haben, dann taste dich doch erst mal langsam geschmacklich in einem guten Restaurant heran.

43. MEAL PREPPING

GUTE VORBEREITUNG STATT FERTIGPRODUKTE

Altes Wissen in neuem Gewand. Früher wusste jede gute Hausfrau (oder auch jeder gute Hausmann), dass man durch gute Vorbereitung Zeit und Geld sparen kann. Heute heißt das Meal Prep, doch das Prinzip ist das gleiche. An einem Tag in der Woche wird ein Wochenspeiseplan erstellt, eingekauft und vorgekocht, was möglich ist. Was auf den ersten Blick vielleicht spießig klingen mag, hat viele Vorteile, denn die bewusste Planung hilft dir, beim Einkaufen Wege zu sparen, abwechslungsreich und gesund zu essen und schließlich weniger Lebensmittel wegzuwerfen. Eine tolle und kostengünstige Alternative zu vermeintlich praktischen Fertigmahlzeiten und teurer To-go-Ware, bei denen sich oft Zusatzstoffe und viel zu viel Zucker und Salz in Bergen aus buntem Plastik verstecken.
Das klingt doch prima, oder? Bereit, es auszuprobieren?

BESTANDSAUFNAHME:

Wie viel Platz hast du für die Lagerung? Gibt es im Büro eine Möglichkeit, dein Essen warm zu machen? Welche Gefäße möchtest du nutzen? Marmeladengläser eignen sich zum Beispiel wunderbar für einen kleinen Mittagssnack unterwegs.

FÜR DIE PLANUNG:

Gibt es Synergieeffekte, das heißt, musst du bestimmtes Gemüse vielleicht nur einmal schnibbeln und kannst es dann gleich für mehrere Gerichte nutzen? Überlege dir, welcher Teil deiner Gerichte tagesaktuell gekocht/vorbereitet besser schmeckt (z. B. Nudeln oder Knuspriges). Überlege dir, wie du deine Gerichte haltbar machst. Was muss (vielleicht portionsweise) eingefroren werden? Was kann in den Kühlschrank und wie lange?

FÜR DEN ANFANG:

Starte mit Rezepten, die du bereits gut kennst, und beginne ganz entspannt mit zwei bis drei Tagen statt einer ganzen Woche. Sich Schritt für Schritt zu steigern, ist motivierender als Scheitern.

ÜBRIGENS: Auf www.bzfe.de/nachhaltiger-konsum/lagern-kochen-essen-teilen/meal-prepping/ gibt es Meal-Prepping-Wochenpläne inklusive Einkaufsliste für jede Jahreszeit.

44. DER TRICK MIT DER LISTE

KEINE CHANCE FÜR IMPULSKÄUFE

Kennst du das? Du gehst zum Einkaufen und kommst mit viel mehr nach Hause, als du eigentlich kaufen wolltest? Sonderangebote, Rabattaktionen, gemütliches Licht oder schlicht der knurrende Magen, der dich nach einem langen Arbeitstag in den Laden begleitet, beeinflussen deine Kaufentscheidungen und verführen dich, mehr als nötig in den Einkaufswagen zu legen. Eine einfache Lösung und das wohl beste Mittel gegen Impulskäufe aller Art ist eine Einkaufsliste. Altbewährt und heute noch so aktuell wie zu Zeiten unserer Großeltern. Schreib zu Hause auf, welche Vorräte zur Neige gehen, was bereits aufgebraucht ist und was du für die kommende Woche an Lebensmitteln benötigen wirst (Stichwort Meal Prep). Mit diesem Plan in der Hand vermeidest du überflüssige Ausgaben und sparst am Ende sogar noch Zeit.

ÜBRIGENS: Ein digitaler Einkaufszettel hat den Vorteil, dass du dein Handy meist bei dir hast – einen Zettel auf dem Küchentisch kann man schnell mal vergessen.

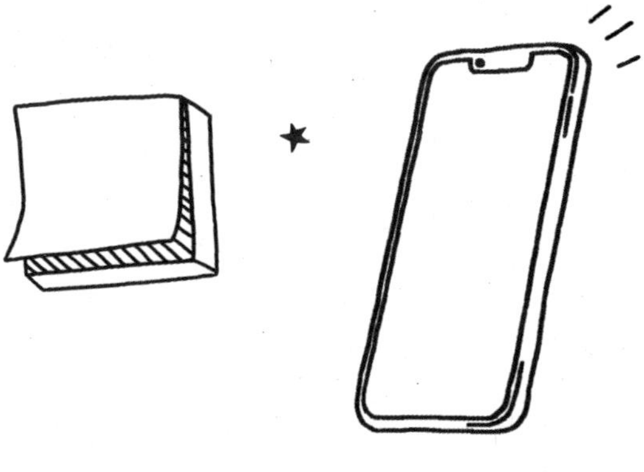

45. NACH DER JAHRESZEIT

ESSEN, WAS GERADE SAISON HAT

Deinen Speiseplan nach den Jahreszeiten auszurichten, macht gleich doppelt Sinn. Saisonales Obst und Gemüse ist meist preisgünstig, da das regionale Angebot zum jeweiligen Erntezeitpunkt hoch ist (gilt übrigens auch für Bioqualität). Hinzu kommt, dass deine Lebensmittel nicht über weite Strecken transportiert werden müssen, und das macht Saisonales zum echten Klimafreund.

MÄRZ

Bärlauch
Brennnessel
Gänseblümchen
Löwenzahn

Apfel*
Rhabarber

Kopfsalat
Rucola
Spinat
Karotte*
Kartoffel*
Pastinake*
Rote Bete*
Rettich
Knollensellerie*
Knoblauch*
Zwiebel*
Rotkohl*
Spitzkohl*
Weißkohl*
Wirsing
Champignon

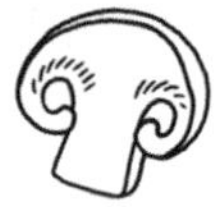

APRIL

Bärlauch
Brennnessel
Gänseblümchen
Löwenzahn

Apfel*
Rhabarber

Spargel
Kopfsalat
Rucola
Spinat
Karotte*
Kartoffel*
Radieschen
Rettich
Knollensellerie*
Frühlingszwiebel
Knoblauch*
Zwiebel*
Rotkohl*
Spitzkohl*
Weißkohl*
Wirsing
Champignon

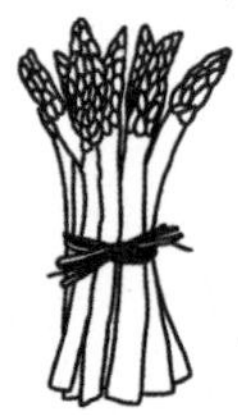

MAI

Holunderblüte
Brennnessel
Gänseblümchen
Löwenzahn

Erdbeere
Rhabarber

Spargel
Batavia
Lollo Rosso
Kopfsalat
Rucola
Mangold
Spinat
Frühkarotte
Karotte*
Frühkartoffel
Kartoffel*
Knollensellerie*
Mairübchen
Radieschen
Rettich
Frühlingszwiebel
Knoblauch*
Zwiebel*
Zuckerschoten
Blumenkohl
Kohlrabi
Rotkohl*
Spitzkohl*
Weißkohl*
Wirsing*
Champignon

JUNI

Brennnessel
Gänseblümchen

Erdbeere
Heidelbeere
Johannisbeere
Stachelbeere
Kirsche

Zucchini
Batavia
Eichblattsalat
Eisbergsalat
Endiviensalat
Kopfsalat
Rucola
Mangold
Spinat
Fenchel
Karotte
Kartoffel
Knollensellerie
Radieschen
Rettich
Frühlingszwiebel
Zwiebel
Erbse
Zuckerschote
Blumenkohl
Brokkoli
Kohlrabi
Spitzkohl
Weißkohl
Wirsing
Champignon

JULI

Brennnessel
Gänseblümchen

Brombeere
Heidelbeere
Himbeere
Johannisbeere
Stachelbeere
Aprikose
Kirsche
Mirabelle
Pflaume

Aubergine
Gurke
Paprika
Tomate
Zucchini
Batavia
Eichblattsalat
Eisbergsalat
Endiviensalat
Kopfsalat
Radicchio
Rucola
Mangold
Spinat
Fenchel
Karotte
Kartoffel
Knollensellerie
Radieschen
Rettich
Rote Bete
Frühlingszwiebel
Lauch
Zwiebel
Bohne
Erbse
Zuckerschote
Blumenkohl
Brokkoli
Kohlrabi
Spitzkohl
Weißkohl
Wirsing
Mais
Champignon

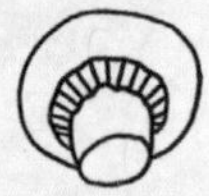

* aus Lagerung

AUGUST

Brennnessel
Gänseblümchen

Apfel
Brombeere
Heidelbeere
Himbeere
Johannisbeere
Stachelbeere
Aprikose
Kirsche
Mirabelle
Pflaume

Aubergine
Gurke
Paprika
Tomate
Zucchini
Batavia
Eichblattsalat
Eisbergsalat
Endiviensalat
Kopfsalat
Radicchio
Rucola
Mangold
Spinat
Fenchel
Karotte
Kartoffel
Knollensellerie
Radieschen
Rettich
Rote Bete
Frühlingszwiebel
Lauch
Zwiebel
Bohne
Erbse
Zuckerschote
Blumenkohl
Brokkoli
Kohlrabi
Spitzkohl
Weißkohl
Wirsing
Mais
Champignon

SEPTEMBER

Brennnessel
Gänseblümchen
Hagebutte
Holunderbeere
Haselnuss
Walnuss

Apfel
Birne
Quitte
Brombeere
Heidelbeere
Himbeere
Pflaumen
Zwetschge
Weintraube

Aubergine
Paprika
Kürbis
Endiviensalat
Radicchio
Mangold
Fenchel
Karotten*
Kartoffeln*
Knollensellerie
Pastinake
Radieschen
Rote Bete
Frühlingszwiebel
Lauch
Zwiebel*
Chinakohl
Kohlrabi
Rotkohl
Spitzkohl
Wirsing
Weißkohl
Mais
Champignon

OKTOBER

Gänseblümchen
Hagebutte
Holunderbeeren
Haselnuss
Walnuss

Apfel
Birne
Quitte
Pflaume
Zwetschge
Weintraube

Kürbis
Chicorée
Endiviensalat
Feldsalat
Radicchio
Fenchel
Karotte*
Kartoffel*
Knollensellerie
Radieschen
Pastinake
Rote Bete
Frühlingszwiebel
Lauch
Zwiebel*
Grünkohl
Kohlrabi
Rotkohl
Rosenkohl
Spitzkohl
Wirsing
Weißkohl
Schwarzwurzel
Topinambur
Champignon

NOVEMBER

Apfel
Birne
Quitte

Kürbis
Chicorée
Endiviensalat
Feldsalat
Radicchio
Fenchel
Karotte*
Kartoffel*
Knollensellerie
Pastinake
Rettich*
Rote Bete
Frühlingszwiebel
Lauch
Zwiebel*
Grünkohl
Rotkohl
Rosenkohl
Schwarzkohl
Spitzkohl
Wirsing
Weißkohl
Schwarzwurzel
Topinambur
Champignon

DEZEMBER

Apfel*
Birne*

Kürbis*
Chicorée
Endiviensalat
Feldsalat
Portulak
Radicchio*
Karotte*
Kartoffel*
Knollensellerie*
Pastinake
Rote Bete*
Lauch
Zwiebel*
Grünkohl
Rotkohl*
Rosenkohl
Wirsing
Weißkohl*
Spitzkohl*
Schwarzwurzel
Topinambur
Champignon

JANUAR

Apfel*
Birne*

Kürbis*
Chicorée
Endiviensalat
Feldsalat
Portulak
Radicchio
Karotte*
Kartoffel*
Knollensellerie*
Pastinake*
Rote Bete*
Lauch
Zwiebel*
Grünkohl
Rotkohl*
Rosenkohl
Wirsing
Weißkohl*
Spitzkohl*
Schwarzwurzel
Topinambur
Champignon

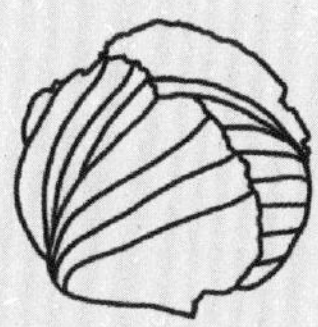

FEBRUAR

Apfel*

Kürbis*
Chicorée
Feldsalat
Radicchio*
Karotte*
Kartoffel*
Knollensellerie*
Pastinake*
Rote Bete*
Lauch
Zwiebel*
Grünkohl
Rotkohl*
Rosenkohl
Wirsing
Weißkohl*
Spitzkohl*
Schwarzwurzel*
Topinambur
Champignons

46. KULINARISCHE ABENTEUER

ENTDECKE DIE VIELFALT DEINER REGION

Abwechslungsreiche und gesunde Ernährung, spannende kulinarische Neuentdeckungen und kurze Wege für dich und dein Obst und Gemüse. Die Vorteile von regionalen Lebensmitteln sind unschlagbar, und meist kannst du nicht nur qualitativ hochwertig, sondern auch noch preiswert einkaufen. Das gilt vor allem für direkte Vertriebsstrukturen, die die hohen Margen des Handels ausklammern. Wochenmärkte, Hofläden, solidarische Landwirtschaften, Marktschwärmereien und Biokisten vermarkten vorwiegend eigene Produkte und bieten dir die ganze Vielfalt deiner Region. Ein wunderbarer Nebeneffekt, hier kannst du Landwirt*innen direkt unterstützen und all deine Fragen zu Anbau und Tierhaltung stellen.

SPANNENDE WEBSEITEN:

www.mein-bauernhof.de
www.vomhofladen.de
www.solidarische-landwirtschaft.org
www.marktschwaermer.de

47. PFLANZE STICHT TIER

GUT FÜRS KLIMA UND DEN GELDBEUTEL

Eine pflanzenbasierte Ernährung ist gut fürs Klima, denn Fleisch, Eier und Milchprodukte schlagen in deiner Ernährungsbilanz gleich dreimal zu Buche: durch die Produktion von Treibhausgasen, den Verbrauch an Rohstoffen und Energie für ihre Erzeugung und durch den Verlust wertvoller Agrarfläche für den Anbau von Tierfutter. Hinzu kommen ein extrem großer Wasserfußabdruck (für die Produktion von 1 kg Rindfleisch sind 16.000 l Wasser nötig!) und all die bekannten Probleme der Massentierhaltung wie Nitrat im Grundwasser, millionenfaches Tierleid, Antibiotikaresistenzen oder die Rodung von Regenwäldern. Es gibt also eindeutig gute Gründe, tierische Produkte auf deinem Speiseplan zu reduzieren, und zudem kannst du so noch jede Menge Geld sparen.

Schnelle Tricks für herrlich herzhaften Geschmack ohne Tier sind zum Beispiel geröstete Semmelbrösel oder Croûtons als würziges Topping statt Parmesan und Co., marinierter Tofu statt Fetakäse und getrocknete Tomaten, Oliven, geröstete Zwiebeln, getrocknete Pilze, Misopaste oder Sojasauce für einen kräftigen Umami-Geschmack. Ein käsiges Aroma erreichst du mit Hefeflocken oder Hefepaste.

ÜBRIGENS: Nur ein fleischfreier Tag pro Person und Woche könnte in Deutschland neun Millionen Tonnen CO_2-Äquivalente pro Jahr einsparen (WWF).

48. HIER LOHNT SICH BIO DOPPELT

NACHHALTIG UND GESUND

Ökologischer Landbau verzichtet auf den Einsatz von künstlichem Dünger und Pestiziden. Dadurch schont er nachweislich das Grundwasser und unsere Böden, und er trägt dazu bei, die wertvolle Artenvielfalt an Bodenorganismen und wichtigen Insekten zu fördern. Zudem wirken gesunde Böden als CO_2-Senke und können unsere Atmosphäre wirkungsvoll von schädlichen Treibhausgasen entlasten. Wann immer du also ein Biolebensmittel kaufst, leistest du damit gleichzeitig einen wirkungsvollen und nachhaltigen Beitrag zum Arten- und Klimaschutz. Und vielfach auch einen für die eigene Gesundheit, denn die Wirkung vieler Pestizide im Körper, und vor allem ihre Wechselwirkungen untereinander, sind bislang noch unzureichend erforscht.

Nun ist der Kauf von Bio leider oft nicht die kostengünstigste Wahl. Kaufst du aber regional und saisonal und wenig tierische und wenig verarbeitete Produkte, dann kannst du selbst bei kleinem Budget beherzt zugreifen. Und hier lohnt es sich aufgrund der hohen Belastung mit Pflanzenschutzmitteln ganz besonders (laut Bundesamt für Verbraucherschutz und Lebensmittelsicherheit 2020) ...

DIESE 5 WEITVERBREITETEN LEBENSMITTEL SIND ALS KONVENTIONELLE WARE BESONDERS BELASTET (LAUT BVL 2020):

frische Küchenkräuter
grüne Bohnen
getrocknete Bohnen
Paprika/Chilis
Feldsalate

EXTRASPARTIPP: Beerenobst in Bioqualität bekommst du als Tiefkühlware in der Regel deutlich preisgünstiger als frisches. Dabei sind die Beeren durch die erntefrische Verarbeitung oftmals noch vitaminreicher. Das gilt übrigens auch für andere tiefgekühlte Bioobst- und Gemüsesorten.

49. SUPERFOOD ADE!

HEIMISCHE VITAMINBOMBEN

Von der Acaibeere bis hin zu Camu-Camu: Exotische Superfoods boomen und sind wahre Verkaufsschlager in den Supermarktregalen und als Ergänzungsmittel in den Drogerien. Dabei gibt es wunderbare regionale Alternativen, die nicht nur locker mit exotischen Superfoods mithalten können. Zumeist toppen sie sogar ihr weitgereistes Gegenstück in puncto Preis und Ökobilanz.

LEINSAMEN

Statt zu Chiasamen mit einem Kilopreis von weit über zehn Euro zu greifen, solltest du lieber preisgünstige, regionale Leinsamen kaufen. Auch sie haben einen ähnlich hohen Gehalt an Protein, Omega-3-Fettsäuren und Ballaststoffen, und du sparst jede Menge CO_2.

BEEREN

Schwarze und rote Johannisbeeren, Himbeeren, Heidelbeeren, Brombeeren: Heimische Beeren sind echte Vitaminbomben und enthalten eine Vielzahl an positiven Inhaltsstoffen. Wer braucht da noch exotische Beeren? Übrigens: Je dunkler und blauer die Farbe, desto größer der Anteil an Anthozyanen, die zu den stärksten Antioxidanzien gehören. Auch Rotkohl kann deshalb durchaus als Superfood punkten.

SANDDORN UND PETERSILIE

Natürliches Vitamin C ohne lange Transportwege und oftmals hohe Umweltbelastungen im Herkunftsland. Besser geht es wohl kaum, und auch der Preis schlägt Gojibeeren und Co. um Längen.

HAFER UND HIRSE

Die beiden regionalen Getreide beziehungsweise Pseudogetreide bringen mit Eisen, Zink, Ballaststoffen und hochwertigen Fetten wunderbare Eigenschaften von echtem Superfood mit. Und sie sind deutlich günstiger als der trendy Mittelamerikaner Quinoa.

WALNÜSSE

Heimische Walnüsse enthalten einen hohen Anteil an einfach und mehrfach ungesättigten Fettsäuren und können so dein Herz-Kreislauf-System positiv beeinflussen. Damit sind sie eine tolle und wertvolle Alternative zu den exotischen Avocados, deren Produktion überdies Unmengen an Wasser kostet.

50. WILD FOOD

DAS KULINARISCHE GLÜCK WÄCHST AM WEGESRAND

Hast du schon mal selbst dein eigenes Essen gesammelt? Egal, ob Walderdbeeren, Pilze oder Wildkräuter, deine Umgebung hat kulinarisch einiges zu bieten. Und dabei hat es entscheidende Vorteile, den Speiseplan auf diese Weise zu ergänzen und zu erweitern: Diese Nahrungsmittel müssen nicht verpackt und über weite Strecken transportiert werden, sie sind schmackhaft und gesund, und du schonst obendrein noch deinen Geldbeutel. Sammle allerdings nur das, was du eindeutig identifizieren kannst (informiere dich zuvor auch über geschützte Arten), und nur so viel, wie du verwerten kannst. Lasse mindestens zwei Drittel der Pflanzen und Pilze stehen, damit sie sich noch ausreichend vermehren können. Und verzichte darauf, an viel befahrenen Straßen oder unweit konventionell bebauter Äcker zu sammeln.

SPANNENDE WEBSEITEN:

www.pflanzen-deutschland.de/nahrung
www.wildfind.com/pflanzen/essbare_wildpflanzen
www.essbare-pflanzen.de

51. MUNDRAUB

ERNTEN OHNE EIGENEN GARTEN

Seit 2009 verwandelt die Webseite mundraub.org deine Umgebung in ein Ernteparadies und macht all die Millionen von nicht abgeernteten Obstbäumen, Beeren- und Nusssträuchern für dich nutzbar. Und das völlig kostenlos. Das Herzstück der Seite ist eine interaktive Karte, in die jeder und jede die Standorte frei zugänglicher Lebensmittel eintragen kann, vom vernachlässigten Apfelbaum bis zum Sanddornbusch im nahen Stadtpark. Hier kannst du bedenkenlos sammeln, ohne dich dabei strafbar zu machen, deine Nachbarschaft neu entdecken und helfen, keine wertvollen Ressourcen zu verschwenden.

EXTRASPARTIPP:
Die bunte mundraub-Gemeinschaft bietet auch jede Menge nützliches Wissen rund um Pflanzen und ihre Nutzung. Vom leckeren Rezept bis zur Adresse der Mosterei in deiner Region.

52. NACHHALTIG TRINKEN

DURSTLÖSCHER LEITUNGSWASSER

Wasser aus der Leitung ist in Deutschland eines der am besten kontrollierten Lebensmittel überhaupt und kann nahezu überall bedenkenlos und ohne jede Vorbehandlung getrunken werden. Leitungswasser hat nicht nur eine hohe Qualität (die Trinkwasserverordnung gibt diese vor), es ist zudem noch extrem kostengünstig und deutlich umweltschonender als Mineralwasser. Laut Verbraucherzentrale ist die Klimabelastung durch Mineralwasser allein in Deutschland fast 600-mal höher als durch Wasser aus der Leitung. Grund hierfür sind vor allem die langen Transportwege der Flaschen.
Informationen zur Wasserqualität in deiner Region bekommst du übrigens vom Wasserversorger, und Bleileitungen sind zum Glück heute kaum mehr ein Gesundheitsrisiko. Betroffen sind, wenn überhaupt, nur Häuser, die vor 1973 errichtet wurden, und Hausbesitzer und Wasserwerke sind gesetzlich zum Austausch verpflichtet, wenn Grenzwerte überschritten werden. Wer wissen möchte, ob sein Leitungswasser Schadstoffe enthält, bekommt bei seinem örtlichen Gesundheitsamt weiterführende Informationen. In diesem Sinne: Prost!

EXTRASPARTIPP: Vor dem Trinken solltest du das Stagnationswasser aus der Leitung so lange ablaufen lassen, bis das Frischwasser kühler wird. Das Stagnationswasser einfach in Eimern oder der Gießkanne auffangen und zum Beispiel zum Blumengießen, Putzen oder Spülen verwenden.

53. MAKE IT BIG!

TEILEN UND SPAREN

Augen auf beim Lebensmittelkauf. Es lohnt sich, im Handel auf Großpackungen zurückzugreifen, denn im Verhältnis sind sie im Vergleich zu kleineren Gebinden fast immer preisgünstiger. Hier ist auch der Blick auf die Preisangaben pro Gramm oder Kilo sehr hilfreich. Wenn du nicht viel Platz für Lagerhaltung hast, dann gründe doch eine Einkaufsgemeinschaft mit Freund*innen und Nachbar*innen und teilt eure Lebensmittel. So können alle von günstigeren Preisen profitieren und Lebensmittelverschwendung wird vermieden.

ÜBRIGENS: So spart ihr auch jede Menge Verpackungsmaterialien.

54. VIELSEITIG, LECKER UND GESUND

MIT HÜLSENFRÜCHTEN GELD SPAREN

Geht es um eine ausgewogene Ernährung, führt an Hülsenfrüchten kein Weg vorbei. Die kleinen Alleskönner sind reich an sekundären Pflanzenstoffen, B-Vitaminen und wertvollen Spurenelementen wie Eisen oder Kalium, und dank ihrer Ballaststoffe und pflanzlichem Eiweiß halten sie zudem lange satt. Heute gilt das einstige Arme-Leute-Essen deshalb als echtes Superfood mit vielseitiger Verwendbarkeit. Je nach Zubereitungsform und Würzung bieten sich dir unendliche Geschmacksvarianten für kleines Geld, vom herzhaften Fleischersatz bis zum Dessert.
Noch mehr sparen kannst du, wenn du deine Linsen, Kidneybohnen und Co. als Trockenware kaufst. 100 g Trockenware entsprechen nämlich ungefähr 200 g gegarten Hülsenfrüchten. Einfach vor der Zubereitung über Nacht in der dreifachen Menge Wasser einweichen und quellen lassen, und anschließend gut waschen und weich kochen.

ÜBRIGENS: Getrocknete Hülsenfrüchte sparen nicht nur Geld, sondern durch ihr geringeres Volumen auch Verpackungsmüll. Und sie sind, trocken und kühl gelagert, sehr lange haltbar. Am besten bewahrst du sie in Gläsern auf.

55. SAY CHEESE

KÄSE LIEBER SELBST REIBEN

Hier kommt ein weiterer guter Grund für den prüfenden Blick auf den Kilopreis, denn auch servier- und küchenfertiger Käse liegt preislich oft höher als die Variante am Stück. Doch das Käsestück hat noch mehr Vorteile. Im Vergleich ist es meist länger haltbar und produziert bei gleicher Menge weniger Plastikmüll als Käsescheiben oder geriebener Käse. Da lohnt sich selbst schneiden und reiben gleich doppelt!
Nach etwa 15 Minuten im Gefrierfach lassen sich viele Käsesorten übrigens deutlich leichter reiben und hinterlassen keine Schmierspuren auf der Reibe.

EXTRASPARTIPP:
Hartkäse wie Gouda, Emmentaler, Parmesan oder Edamer kannst du getrost im Angebot in größerer Menge kaufen und einfrieren.

56. ESSEN AUS DER TÜTE?

TEURE QUETSCHIES

Wer Kinder in seinem Umfeld hat, der kennt sie, diese knallbunt bedruckten Trinktütchen, gefüllt mit Brei oder Fruchtpüree. Quetschies sorgten vor ein paar Jahren für eine kleine Revolution der (Klein-)Kinderernährung und sind seitdem aus vielen Kinderwagen, Buggys und Brotzeitdosen nicht mehr wegzudenken. Die praktischen Einzelportionen haben allerdings gleich zwei entscheidende Nachteile: Sie sind gemessen an der Inhaltsmenge alles andere als preiswert, und sie produzieren wahre Berge an schlecht recyclingfähigem Verpackungsmüll. Eine tolle Alternative bieten wiederverwendbare Trinkbeutel. Diese langlebige Mehrwegvariante gibt es entweder aus alu- und BPA-freiem Kunststoff oder aus Silikon, und du kannst sie wunderbar mit (selbst gemachtem) Fruchtpüree, Smoothies oder Brei füllen. Danach einfach reinigen und los geht's zum nächsten Ausflug.

EXTRASPARTIPP:
Noch günstiger und sogar essenziell wichtig für die kindliche Entwicklung sind frische Obst- und Gemüsestückchen. Also nicht vergessen, beizeiten umzusteigen ...

57. SNACK IT!

NACHHALTIG UNTERWEGS

Ein wunderbarer Start in deine Meal-Prepping-Karriere ist das Vorbereiten von Snacks für unterwegs. Egal ob Smoothie, Coffee to go oder Sandwich. Es ist eine unbestreitbare Tatsache, dass Essen und Trinken außer Haus den Geldbeutel nicht gerade entlastet. Im Gegenteil. Restaurants, Imbisse und Supermärkte verlangen für deine Unterwegsverpflegung deutlich mehr Geld, als du mit dem Meal Prepping vergleichbarer Produkte ausgeben würdest. Zudem kannst du über die Inhaltstoffe und deren Qualität selbst bestimmen und unnötigen Verpackungsmüll vermeiden.

BASICS FÜR ZERO WASTE UNTERWEGS

Praktisches für den Transport:
Mehrwegdosen, Stoffbeutel, Wachstücher, Trinkflaschen, Mehrwegbecher

Praktisches zum Essen:
Campingbesteck (Tipp 14), Taschenmesser, Stofftaschentuch, feuchter Waschlappen (für Babys und Kleinkinder)

58. MIT TÖPFCHEN

IMMER FRISCHE KRÄUTER ZUR HAND

Du liebst frische Kräuter und kannst gar nicht genug von den vitaminreichen Geschmacksbomben bekommen? Dann solltest du Minze, Schnittlauch, Basilikum, Rosmarin und Co. in Zukunft unbedingt im Topf kaufen und selbst vermehren. Das lohnt sich gleich mehrfach: Zum einen ist die Topf-Variante deutlich preisgünstiger, zum anderen hast du so immer erntefrische und pestizidfreie Gewürze zur Hand. Küchenkräuter gehören nämlich laut BVL zu den am stärksten pestizidbelasteten Lebensmitteln überhaupt.

FÜR DEN ANFANG

Pflanze deine Kräuter am besten gleich in größere Töpfe um, denn meist haben sie schon beim Kauf zu wenig Platz.

VERMEHRUNG DURCH TEILUNG

Die wohl einfachste Methode, um aus eins zwei zu machen. Teile den Wurzelballen beherzt mit den Händen oder einem scharfen Messer und setze die beiden neuen Pflanzen in frische (torffreie) Erde.

VERMEHRUNG MIT STECKLINGEN

Sogenannte Kopfstecklinge bestehen aus einer Triebspitze deiner Mutterpflanze mit Stängel und einigen Blättern. Du kannst deinen abgeschnittenen Steckling zunächst in ein Wasserglas stellen und warten, bis er ausreichend Wurzeln gebildet hat, oder du pflanzt ihn direkt in feuchte, nährstoffarme Erde (= Anzuchterde). Bei letzterer Methode empfiehlt es sich, ein Glas über den Topf zu stülpen, um ein Austrocknen zu verhindern.

EXTRASPARTIPP:

Geschnittene Kräuterreste einfach in einem Eiswürfelbehälter vorportionieren, mit deinem Lieblingsspeiseöl bedecken und einfrieren. Bei Bedarf hast du so immer herrlich aromatisches Öl zum Anbraten. Auch fertig geschnittener Knoblauch macht sich sehr gut in der Mischung.

59. SCHLUSS MIT VERSCHWENDUNG!

LEBENSMITTEL RICHTIG LAGERN

Wenn du deine Lebensmitteleinkäufe richtig lagerst, sind sie länger haltbar und du musst weniger wegwerfen. Das ist nachhaltig und spart am Ende bares Geld.

TROCKENE LEBENSMITTEL

Fülle Getreide, Nudeln, Reis, Zucker, Cornflakes, Haferflocken, Nüsse und Co. am besten zu Hause in luftdichte Vorratsgefäße um. Das schützt effektiv vor Schädlingen und Feuchtigkeit.

BROT UND BACKWAREN

Dein Brot fühlt sich in einem Brotkasten, Brot- oder Römertopf aus Keramik am wohlsten.

GEMÜSE

Die meisten Gemüse halten sich in ein feuchtes Geschirrtuch eingewickelt im Kühlschrank am besten. Das gilt etwa für Salat, Spinat, Erbsen, Spargel oder Kohlrabi und auch für die meisten Kräuter. Kälteempfindlich hingegen sind Auberginen, Gurken, Paprika, Tomaten und Zucchini. Sie sollten lieber außerhalb des Kühlschranks aufbewahrt werden. Knollen- und Wurzelgemüse wie Zwiebel, Lauch, Knoblauch, Kartoffeln, Kürbisse und Rüben mögen es dagegen kühl und dunkel. Blätter wie Karottenkraut oder Radieschengrün entziehen dem Gemüse Wasser, deshalb besser vor der Lagerung abschneiden.

OBST

Viele Obstsorten halten sich bis zum Verzehr gut im Obstkorb bei Zimmertemperatur. Beerenobst, Trauben und Kirschen hingegen gehören in den Kühlschrank, Äpfel und Birnen mögen es kühl und dunkel, und Bananen bleiben am längsten makellos, wenn du sie aufhängst, zum Beispiel an einem Haken in der Speisekammer.

EXTRASPARTIPP: Sortiere deine Speisekammer, den Vorratsschrank und den Kühlschrank nach Haltbarkeitsdatum. Lebensmittel, die früher ablaufen, sollten immer weiter vorn ihren Platz finden.

TIERISCHE LEBENSMITTEL

Fleisch, Wurstwaren, Eier und Milchprodukte gehören in den Kühlschrank. Je schneller verderblich, desto weiter unten sollten sie liegen.

60. ORDNUNGSLIEBE IM KÜHLSCHRANK

ALLES HAT SEINEN PLATZ

Mit der richtigen Ordnung im Kühlschrank findest du dich leichter zurecht, du vermeidest Kühlschrankleichen, und deine Lebensmittel werden immer unter optimalen Bedingungen gelagert. Auf diese Weise halten Essensreste, Milchprodukte und Co. deutlich länger und du hast mehr von deinem Einkauf. Und so geht's …

OBEN

Essensreste und bereits gegarte Lebensmittel; Käse, Marmelade, Kuchen und Süßspeisen

MITTE

Milchprodukte wie Frischkäse, Sahne, Joghurt oder Quark

UNTEN

Leicht verderbliche Lebensmittel wie Fisch, Fleisch, Wurstwaren; Zubereitetes mit rohem Ei

GEMÜSEFACH

Kälteunempfindliche Obst- und Gemüsesorten wie Salate, Spinat oder Heidelbeeren

KÜHLSCHRANKTÜR

Oben Butter und Eier, im mittleren Fach Aufstriche, Dressings und Saucen und unten Milch und Getränke

EXTRASPARTIPP: Wusstest du, dass dein Kühlschrank am richtigen Standort bares Geld sparen kann? Je kühler nämlich die Umgebungstemperatur, desto weniger Energie aka Strom ist für die Innenraumkühlung notwendig. Platziere den Kühlschrank deshalb, wenn möglich, nicht neben Heizung oder Herd und wähle einen Standort ohne direkte Sonneneinstrahlung.

61. EIN SANDKASTEN FÜRS GEMÜSE

SAND STATT KELLER

Apropos Lagerung. Moderne Keller sind oft zu warm und zu trocken für die Lagerung von Gemüse, und feucht-kühle Naturkeller sind heutzutage rar geworden. Eine preisgünstige und platzsparende Alternative ist eine einfache Sandkiste. Hier fühlen sich Wurzel- und Knollengemüse wie Karotten, Kohlrabi, Rote Bete, Kartoffeln oder Sellerie so richtig wohl und bleiben viele Wochen bis Monate frisch und knackig. Perfekt für die kleine Ernte nach Bedarf ...

MATERIAL:

1 Kiste (Größe je nach Platzangebot wählen)

Spiel- oder Bausand

SO GEHT'S:

1 Säubere dein Gemüse grob mit einer Bürste von Erde und Schmutz und schneide das Blattgrün sorgfältig ab.

2 Bedecke den Boden deiner Kiste gut mit Sand und stelle deine Knollen so hinein, wie sie auch in der Erde wachsen, d. h. mit der Wurzel nach unten. Der Sand sollte dabei feucht, aber nicht nass sein.

3 Fülle die Kiste so mit Sand auf, bis dein Gemüse vollständig bedeckt ist, und stelle sie an einen kühlen Ort.

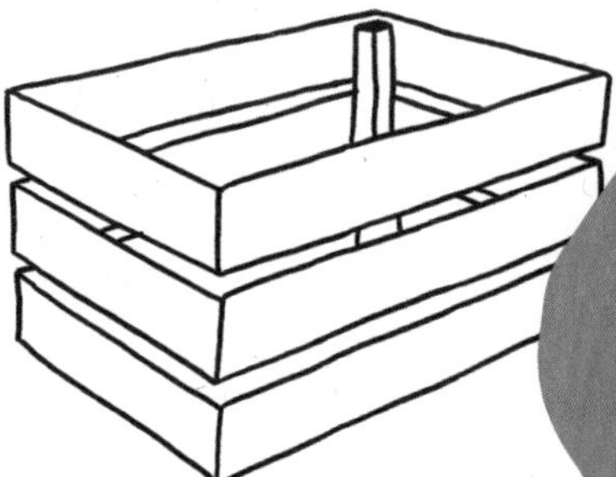

ÜBRIGENS:

Wer einen kleinen Garten hat, kann auch eine Erdmiete bauen. Dafür einfach eine Erdgrube ausheben, Gemüse hineinlegen und mit Erde füllen. Zusätzlich ein Gitter einsetzen, um das kostbare Gut vor hungrigen Besuchern zu schützen.

62. TRAU DEINEN SINNEN

SCHNUPPERN STATT WEGWERFEN

Wenn du anfängst, deinen Sinnen mehr zu vertrauen als dem Haltbarkeitsdatum auf der Verpackung, spart das nicht nur Geld, sondern du hilfst auch, dass weniger noch verzehrfähige Lebensmittel im Müll landen. Das Mindesthaltbarkeitsdatum ist das Datum, bis zu dem sich ein verpacktes Lebensmittel mindestens lagern und verzehren lässt und dabei seine spezifischen Eigenschaften behält. Es ist also kein Wegwerfdatum!

ALSO GENAU HINSCHAUEN ...

Schimmel oder faule Stellen? Aufgeblähte Verpackung oder Anzeichen für Schädlinge? Dann bitte lieber entsorgen!

RIECHEN ...

Riecht das Lebensmittel anders, als es sollte, oder gar unangenehm? Dann bitte auch weg damit!

UND FÜHLEN ...

Ist die Oberfläche schmierig? Dann sind wahrscheinlich Hefepilze und Co. am Werk und du solltest das Lebensmittel lieber wegwerfen. Schrumpeliges Obst oder Gemüse hingegen kann wiederbelebt werden, oder du verarbeitest es zu Kompott, Pesto, Suppe oder einen Eintopf.

ÜBRIGENS:

Laut Tafel Deutschland sind trockene Lebensmittel wie Gewürze, Getreide, Zucker und Ähnliches oft noch mehr als ein Jahr über das Mindesthaltbarkeitsdatum (MHD) hinaus haltbar. Dasselbe gilt auch für Konserven und Eingekochtes wie Tomatensauce oder Marmelade. Voraussetzung sind eine originale Verpackung und die richtige Lagerung.

63. KNACKIG STATT SCHLABBERIG

LEBENSMITTEL WIEDERBELEBEN

Was tun, wenn Karotten schrumpelig werden oder der Salatkopf in deinem Gemüsefach schon bessere Tage gesehen hat? Ein Fall für den Biomüll? Bitte nicht! Viele Lebensmittel kannst du nämlich mit ein paar einfachen Tricks wiederbeleben und dann aufessen, statt sie zu entsorgen …

SCHRUMPELIGE KAROTTEN, RADIESCHEN, BROKKOLI, STAUDENSELLERIE UND ZUCCHINI

Über Nacht im Kühlschrank in ein Glas mit kaltem Wasser stellen oder alternativ in ein feuchtes Tuch einschlagen.

WELKE SALATE

Feldsalat für etwa eine halbe Stunde in warmes Wasser, Kopfsalat hingegen in eiskaltes Wasser legen. Danach putzen und wie gewohnt verarbeiten.

SCHRUMPELIGE KARTOFFELN

Werden beim Kochen wieder wie neu.

UNANSEHNLICHER KOHL

Bei Kohlgemüse wie Rotkohl oder Blumenkohl entferne die äußeren Schichten der Blätter, bis die Oberfläche wieder schön ist. Vergilbter Blumenkohl wird durch etwas Milch im Kochwasser wieder weiß.

AUSGETROCKNETER KÄSE

Einfach für etwa eine halbe Stunde in Milch einlegen und dann verarbeiten.

HARTES BROT UND BACKWAREN

Hartes Baguette, Brezel oder Brötchen unter den Wasserhahn halten und die Oberfläche gut anfeuchten. Danach bei etwa 150 Grad Umluft für wenige Minuten in den Ofen.

64. FERMENTIEREN UND CO.

LEBENSMITTEL HALTBAR MACHEN

Lebensmittel frisch zu ernten oder sie preisgünstig saisonal aus der Region zu kaufen, kann dazu führen, dass du größere Mengen zu Hause hast, als du auf einen Schlag verbrauchen kannst. Die Lösung? Du machst deine Lebensmittel ganz einfach haltbar, um auch nach der Saison noch die gesunde Vielfalt vom Acker und aus dem Garten genießen zu können.

DUNKEL UND KÜHL LAGERN

Wurzel- und Knollengemüse, Kürbisse, Kohl, Äpfel und Birnen fühlen sich kühl und dunkel am wohlsten und sind so oft mehrere Wochen haltbar.

EINFRIEREN

Viele Gemüsesorten lassen sich wunderbar einfrieren und bleiben so oft Monate lang haltbar. Am besten vorher kurz blanchieren, das erhält Farbe und Konsistenz. Auch frische Kräuter kannst du problemlos mit etwas Wasser oder Pflanzenöl in einer Eiswürfelform einfrieren.

TROCKNEN

Eine Alternative zum Eis ist bei Kräutern auch das Trocknen. Einfach schnittfrisch kopfüber aufhängen und gut durchtrocknen lassen.

EINKOCHEN

Ein echter Klassiker, den wahrscheinlich die meisten schon mal ausprobiert haben. Egal, ob süße Konfitüre, Kompott, herzhaftes Chutney oder Kohlgemüse. Eingekocht halten Obst und Gemüse viele Monate.

FERMENTIEREN

Das Fermentieren mit Salzlake regt die sogenannte Milchsäuregärung an, und unter Ausschluss von Sauerstoff beginnen schließlich Milchsäurebakterien ihre Arbeit. Milchsauer vergorenes Gemüse wie Sauerkraut oder Kimchi ist nicht nur schmackhaft, sondern auch gut für deine Darmgesundheit und steckt voller Nährstoffe, da es nicht erhitzt wurde.

65. AUFBEWAHREN OHNE FOLIE

MEHRWEG GEWINNT!

In fast jeder Küche zu finden und doch so unnötig: Frischhaltefolie aus Kunststoff und Alufolie musst du in Zukunft nie wieder kaufen, denn in vielen Fällen können die vermeintlichen Helfer wunderbar ersetzt werden. Wiederverwendbare Dosen, Einmachgläser, dehnbare Silikonhauben oder Grillschalen aus Edelstahl oder Emaille lassen sich nach Benutzung spülen und vermeiden so jede Menge Folienmüll. Aber auch Essgeschirr kann seinen Zweck bei der Zero-Waste-Aufbewahrung erfüllen. Einfach aufgeschnittenes Obst oder Gemüse mit der Schnittfläche nach unten auf einen Teller legen oder eine deckellose Schüssel mit einem passenden Teller abdecken.

66. EIS, EIS, BABY!

EINFRIEREN IM GLAS

Das Eisfach im Kühlschrank und der Gefrierschrank können eine große Unterstützung bei der Vorratshaltung und der schnellen, bequemen Alltagsküche sein. Dabei spielen geeignete Gefäße beim Einfrieren von Lebensmitteln und ganzen Gerichten eine entscheidende Rolle. Besonders nachhaltig, effizient und kostengünstig klappt das mit einfachen Einmachgläsern. Und? Überrascht?

SO GEHT'S:

1. Achte darauf, möglichst dickwandige und gerade Gläser mit weiter Öffnung zu nutzen.

2. Der Inhalt deines Glases sollte abgekühlt sein.

3. Lasse oben im Glas mindestens ein Viertel des Volumens Platz, also mach die Gläser nicht voll.

4. Lege den Deckel während des Einfrierens nur auf. Danach erst fest verschließen.

67. DIY-BIENENWACHSTUCH

SERVUS FRISCHHALTEFOLIE!

Wer braucht schon Frischhaltefolie aus Plastik, wenn er ein Bienenwachstuch haben kann? Damit verpackst du Brotzeitbrote, angeschnittenes Obst und Gemüse oder hast immer eine hübsche Abdeckung für Schüsseln und Teller zur Hand. Nachhaltig und komplett ohne Müll.

MATERIAL:

fester Baumwoll- oder Leinenstoff (am besten Alttextilien)

Stoffschere

Stoffmarker

Lineal

hitzebeständiges Pflanzenöl

Bienenwachspastillen (am besten vom regionalen (Bio-)Imker

Backpapier

Bügeleisen

SO GEHT'S:

1 Neue Stoffe im Vorfeld waschen oder am besten Alttextilien (z. B. Bettbezug) upcyceln. Zunächst musst du deinen Stoff in Quadrate mit Seitenlängen zwischen 15 und 30 Zentimetern schneiden. So hast du am Ende das passende Wachstuch für jede Gelegenheit.

2 Heize deinen Backofen auf ca. 80 °C vor. Währenddessen verteilst du ein wenig Pflanzenöl auf den Stoffquadraten, bis sich die gesamte Oberfläche leicht fettig anfühlt. Lege die Stoffe auf ein mit Backpapier ausgelegtes Backblech und bestreue sie gleichmäßig mit Bienenwachspastillen.

3 Schiebe dein Backblech in den heißen Ofen und lasse die Wachspastillen langsam in den Stoff einschmelzen. Noch ungewachste Stellen einfach mit ein paar zusätzlichen Bienenwachspastillen nachbehandeln.

4 Für ein perfektes Finish kommt das Bügeleisen zum Einsatz. Lege deine Wachstücher zwischen zwei Lagen Backpapier und bügle sanft und mit wenig Druck darüber.

ÜBRIGENS: Bienenwachstücher lassen sich je nach Verschmutzungsgrad wunderbar mit lauwarmem Wasser oder lauwarmem Seifenwasser reinigen. Aber bitte nicht für Fleisch, Wurst oder Käse verwenden.

68. ALTGLAS-UPCYCLING

VORRATSGLÄSER AUS ALTEN FLASCHEN

Verwandle deine alten Wein-, Öl- oder Saftflaschen in selbst gemachte Vorratsgläser und mache sie zum praktischen Hingucker.

MATERIAL:

leere und ausgewaschene (Wein-) Flasche ohne Etikett (Tipp 38)

Garn aus reiner Naturfaser

Schere

Spiritus

Feuerzeug

Eiswasser

Eimer

Wasserschleifpapier bzw. Nassschleifpapier (Körnung 120, 240, 600 und 800)

Schleifklotz

Schutzausrüstung (Schutzbrille, Mund-Nasenmaske, Handschuhe)

passende Korken

SO GEHT'S:

1 Am besten arbeitest du mit Glas im Freien und über einem nicht brennbaren Untergrund. Bereite dir einen Eimer mit Eiswasser vor, in den du deine Flasche ohne Problem rund 20 cm tief eintauchen kannst.

2 Wickel dein Baumwollgarn mehrmals fest um die Flasche, und zwar genau auf der Höhe, auf der später der Deckel sitzen soll.

3 Nun das Garn vollständig mit Spiritus tränken. Achtung! Bevor du Feuer machst, sollte NUR NOCH das Garn nass sein. Also unbedingt darauf achten, dass überschüssiger Spiritus z. B. auf der Glasoberfläche verdunstet ist.

4 Halte die Flasche am Flaschenboden fest und waagerecht über deinem Wassereimer. Jetzt wird das Garn angezündet und die Flasche so lange langsam gedreht, bis das Garn rundherum brennt.

5 Kurz bevor die Flammen erlöschen tauchst du den Flaschenhals bis über das brennende Garn ins Eiswasser. Durch den schnellen Wechsel von heiß auf kalt bricht das Glas entlang der Garnlinie.

6 Ab jetzt heißt es Schutzausrüstung anlegen. Schleife die Bruchkante mit Schleifklotz und Schleifpapier glatt. Gehe dabei von einer groben Körnung mit niedriger Zahl bis zur 800er-Körnung.

7 Ist alles schön glatt, brauchst du nur noch einen passenden Korken und dein neues Vorratsglas ist einsatzbereit.

DIE ISS-DICH-DURCH-DEINE-VORRÄTE-CHALLENGE

WARUM?

Laut Statistischem Bundesamt fielen in Deutschland im Jahr 2020 knapp elf Millionen Tonnen Lebensmittelabfälle an, und für über die Hälfte davon trugen Privathaushalte die Verantwortung. In konkreten Mengenangaben bedeutet das, dass knapp 80 Kilo Lebensmittel pro Person und Jahr einfach in der Tonne landen. Unfassbar, oder? Höchste Zeit, endlich das aufzuessen, was schon da ist, und der Verschwendung von wertvollen Ressourcen, Nahrungsmitteln und nicht zuletzt Geld Einhalt zu gebieten. Starte gleich heute mit den Vorräten in deiner Küche. Nach dieser Challenge winkt nicht nur ein leerer Vorratsschrank, sondern auch ein Neustart mit bewussten und nachhaltigen Kaufentscheidungen. Ganz zur Freude von Geldbeutel und Umwelt.

VORBEREITUNG UND ABLAUF:

Starte am besten mit einer gründlichen Bestandsaufnahme. Für einen besseren Überblick notiere alle Lebensmittel nach Produktgruppen wie Nüsse, Getreide und so weiter und iss dich durch deine Vorräte. Priorität bei der Verarbeitung haben bereits angebrochene Verpackungen und ein nahender Ablauf der Haltbarkeit.

AUFGABE:

Wie lange schaffst du es, aus deinen vorhandenen Vorräten und Resten neue Gerichte zu zaubern? Das Ergänzen von Zutaten ist selbstverständlich erlaubt ...

INSPIRATION:

Chiasamen, Kokosraspel oder Leinsamen. So manchem Impulskauf droht ein Schicksal als Schrankleiche, und nicht selten landen ungeliebte Lebensmittel am Ende ungenutzt im Müll. Dabei lohnt sich die Entdeckung neuer Geschmacksrichtungen und Zubereitungsformen. Das BMEL bietet auf www.zugutfuerdietonne.de und der dazugehörigen App eine tolle Rezeptdatenbank für die schmackhafte Resteküche. Hier findest du jede Menge spannende Ideen für neue Gerichte und das passende Rezept für jede Zutat.

Und? Wie lange kommst du mit deinen Vorräten aus?
Was war deine größte Geschmacksüberraschung?
Hast du ein neues Lieblingsessen?

DEIN PERSÖNLICHES ERGEBNIS:

NACHHALTIGE Rezeptideen

Nachhaltiger Genuss, eine gesunde Ernährung und ein kleines Budget müssen kein Widerspruch sein. Im Gegenteil! Auch bei der Frage, wie und was du isst, kann ein ökologisches Bewusstsein dir helfen, Geld zu sparen. Das Schöne dabei? Fast wie von Zauberhand schleichen sich Klimaschutz und Nachhaltigkeit auf deinen Teller. Schritt für Schritt und Rezept für Rezept bereichern neue Möglichkeiten deinen Speiseplan und dein Leben. Denn auch Umweltliebe geht durch den Magen ...

BASICS

69. PIMP YOUR LEITUNGSWASSER!

VIELFALT IM TRINKGLAS

Kostengünstig, nachhaltig und gesund. Gibt es noch bessere Argumente für das Trinken von Leitungswasser? Das wohl kaum, aber ein paar einfache Geschmackszutaten sorgen für Abwechslung. Infused Water lautet das Stichwort, und diese neue Art der Erfrischung schlägt Softdrinks, Säfte und teure Trinkflaschen mit künstlichen Aromaaufsätzen nicht nur preislich um Längen.

SO GEHT'S:

1 Frische Kräuter und Früchte nach Wahl gut waschen.

2 Kräuter vom Stängel zupfen oder evtl. klein schneiden. Je kleiner die Stücke, desto mehr Aroma wird freigesetzt.

3 Große Früchte in möglichst dünne Scheiben schneiden. Kleine Früchte, wie z. B. Beeren kannst du auch im Ganzen verwenden. Auch hier gilt je größer die Oberfläche der Schnittflächen, desto mehr Geschmack.

4 Gib deine Zutat(en) in eine Kanne oder Karaffe und fülle sie mit Wasser auf. Mindestens 20 Minuten ziehen lassen und dann genießen.

DIE BESTEN ZUTATEN UND GESCHMACKSKOMBINATIONEN:

Ingwer, Gurke und Zitrusfrüchte funktionieren wunderbar als Solostar in deinem Wasser
Wassermelone mit Rosmarin oder Basilikum
Limette oder Zitrone mit Basilikum
Himbeere mit Lavendel
Gurke mit Zitrone
Gurke mit Minze
Stachelbeere mit Thymian

EXTRASPARTIPP:
Die Reste von Tees oder Säften kannst du in einem Eiswürfelbehälter einfrieren und nach Lust und Laune mit deinem Infused Water kombinieren.

70. DIE (HAFER-)MILCH MACHT'S PREISGÜNSTIG SELBST MACHEN

Seit ein paar Jahren sind pflanzliche Milchdrinks in aller Munde und stehen in allen Supermarktregalen. Sie werden aus Soja, Mandeln, Cashewnüssen, Kokos, Reis und vielem mehr hergestellt. Aus einer großen Vielfalt von Rohstoffen lässt sich eine schmackhafte und vegane Alternative zur Kuhmilch zaubern. Dabei kann vor allem (regionale) Hafermilch aufgrund ihrer guten Öko- und Klimabilanz punkten. Und selbst gemacht sparst du nicht nur Geld, sondern auch noch Verpackungsmüll.

ZUTATEN:

100 g regionale (Bio-)Haferflocken (zart)

1 l kaltes Wasser

1 Prise Salz

Zucker oder Zuckerrübensirup nach Geschmack

3 Eiswürfel

SO GEHT'S:

1 Zunächst weichst du die Haferflocken ca. 30 Minuten in kaltem Wasser ein. Danach gießt du das Einweichwasser ab und spülst die Flocken einmal mit frischem Wasser.

2 Gib alle Zutaten zusammen in einen Mixer und mixe das Ganze mit hoher Geschwindigkeit durch. Dabei sorgen die Eiswürfel dafür, dass die Mischung nicht schleimig wird.

3 Mit einem Nussmilchbeutel oder einem feinen Passiertuch Trester und fertige Hafermilch voneinander trennen, die Hafermilch in eine saubere Flasche abfüllen. Im Kühlschrank ist sie ca. drei Tage haltbar. Den Trester kannst du zum Backen oder für Müsli verwenden.

ÜBRIGENS: Laut Albert-Schweitzer-Stiftung verbraucht die Herstellung von Hafermilch 80 Prozent weniger Fläche als die von Kuhmilch und rund 60 Prozent weniger Energie. Insgesamt verursacht sie 70 Prozent weniger Treibhausgase.

71. BROTZEIT IST DIE SCHÖNSTE ZEIT

BROT SELBST BACKEN

Wenn du dich kostengünstig ernähren möchtest, kannst du bereits bei den Grundnahrungsmitteln sparen. Wie wäre es beispielsweise mit selbst gebackenem Brot und knusprig frischen Sonntagsbrötchen? Hier kannst du im Gegensatz zu Discounter und Backshop die Qualität deiner Zutaten frei wählen, regionale Mühlen und nachhaltige Anbieter unterstützen und trotzdem Geld sparen. Und zu besonderen Gelegenheiten freut sich der Handwerksbäcker über deinen Besuch. Ein saftiges Brot selbst zu backen, ist kein Hexenwerk. Alles, was du brauchst, sind ein einfaches Rezept und ein bisschen Zeit.

ZUTATEN:

Für 1 Kastenbrot

1 Würfel Hefe (42 g)

480 ml lauwarmes Wasser

500 g Mehl (z. B. 250 g Dinkelmehl, 125 g Roggen- und 125 g Weizenmehl)

150 g Nüsse/Saaten/Kerne

1 TL Salz

25 ml (naturtrüber) Apfelessig

SO GEHT'S:

1 Löse die Hefe in dem lauwarmem Wasser auf. Mische Mehl, Nüsse, Saaten und Kerne mit Salz in einer großen Schüssel. Gieße Hefemischung und Apfelessig hinzu und verrühre die Zutaten mit einem Holzlöffel, dem Handrührgerät oder einer Küchenmaschine zu einem Teig.

2 Fette und bemehle eine Kastenform und gib den Teig hinein.

3 Nun das Brot bei 180 °C (Ober- und Unterhitze) etwa 60 Minuten auf mittlerer Schiene backen. Unten in den Ofen eine feuerfeste Schale mit Wasser stellen.

72. FRÜHSTÜCKSZAUBER

KNUSPRIGE BRÖTCHEN UND BAGUETTE

Gibt es etwas Schöneres als ein Frühstück mit frischen Brötchen? Mit diesem Rezept zauberst du im Handumdrehen französischen Flair auf den Tisch, und ein unwiderstehlicher Duft lockt selbst den größten Morgenmuffel aus den Federn.

ZUTATEN:

Für 1 kleines Baguette oder 5 Brötchen

250 g Mehl (Type 550)

1 Prise Zucker

1 TL Salz

1/4 Würfel Hefe

etwas Mehl für die Verarbeitung

SO GEHT'S:

1 Zunächst alle trockenen Zutaten in einer Schüssel gut miteinander mischen und die Hefe in 160 ml lauwarmem Wasser auflösen.

2 Nun eine Mulde in die Mitte des Mehls drücken, nach und nach das Hefewasser hinzugeben und mit dem Mehl verkneten.

3 Den Teig mit einem Tuch abdecken und ca. 2 Stunden an einem warmen Ort gehen lassen. Nach etwa einer halben Stunde den Teig etwas auseinanderziehen, die Ecken zur Mitte falten, umdrehen und wieder zu einer Kugel formen. Diesen Vorgang mit dem Teig dreimal alle 30 Minuten wiederholen.

4 Den Backofen jetzt auf 220 °C (Ober-/Unterhitze) vorheizen und unten ein Schälchen mit Wasser hineinstellen.

5 Es ist an der Zeit, deinen fertigen Teig auf der bemehlten Arbeitsfläche zu einem Baguette oder zu Brötchen zu formen. Leg deine Backwaren auf ein Blech mit Backpapier und lass sie noch mal gehen. Teig mit einem scharfen Messer schräg einschneiden, leicht mit Mehl bestäuben und in ca. 20 Minuten goldgelb backen.

EXTRASPARTIPP: Der Hefeteig lässt sich auch wunderbar vorbereiten. Dafür einfach mit kaltem Wasser arbeiten und den Teig entweder im Kühlschrank über Nacht gehen lassen oder als Teigrohling ohne Gehzeit luftdicht verpackt einfrieren. Zur Weiterverwendung dann am besten langsam auftauen und wie gewohnt gehen lassen und verarbeiten.

BASICS

73. GRANOLA

KNUSPER AM MORGEN VERTREIBT KUMMER UND SORGEN

Mal mit (Pflanzen-)Milch, mal mit Joghurt. Mal als Topping zum Smoothie oder mit frischem Obst. Für Knuspermüsli gibt es unendlich viele Kombinationsmöglichkeiten. Bei der selbst gemachten Variante entscheidest du allein über die Menge an Zucker, die Aromen oder die Auswahl an Nüssen in deiner Mischung. So lecker und kostengünstig kann Nachhaltigkeit und Zero Waste sein.

ZUTATEN:

100 ml Sonnenblumenöl

100 ml warmes Wasser

2 EL Zucker

2 EL Zuckerrübensirup

700 g Haferflocken

SO GEHT'S:

1 Mische zunächst Öl, Wasser, Zucker und Sirup in einem Einmachglas, bis eine homogene Flüssigkeit entsteht. Am leichtesten klappt das, indem du mit geschlossenem Deckel richtig gut schüttelst.

2 Dann vermengst du die Haferflocken mit der Flüssigkeit in einer großen Schüssel und verteilst das Ganze anschließend auf einem Backblech oder in einer großen Auflaufform.

3 Nun ab damit in den Backofen und bei 160 Grad Umluft in ca. 40 Minuten goldbraun backen. Damit alles gleichmäßig knusprig wird und karamellisiert, etwa alle 10 Minuten mit einem Pfannenwender wenden.

4 Abkühlen lassen und in ein passendes Vorratsglas umfüllen.

ÜBRIGENS: Dieses Basisrezept kannst du mit Gewürzen wie Zimt oder Kakao, Nüssen, Trockenfrüchten oder Samen nach Belieben verändern und an deine Vorlieben und dein Budget anpassen.

74. Ei, Ei, Ei

Ei-Ersatz leicht gemacht

Dir liegt das Wohl der Legehennen am Herzen und du möchtest deinen Eierkonsum deshalb einschränken? Nichts leichter als das. Eier erfüllen unterschiedliche Aufgaben. Sie fungieren als Bindemittel, spenden Feuchtigkeit oder dienen als Backtriebmittel und machen Kuchen locker und saftig. Doch genauso einfach, wie du Schritt für Schritt Fleisch in deinem Speiseplan reduzieren kannst, gelingt das auch bei Eiern. Und oftmals wird es dir noch nicht einmal auffallen, dass das Ei fehlt. Versprochen!

Ein Ei kannst du ersetzen durch ...

½ Banane (für Süßes)

1 EL Nussmus (für Süßes)

3 EL Apfelmark (für Süßes)

2 EL Seidentofu (für Süßes und Herzhaftes)

1 EL (veganen) Joghurt (für Süßes und Herzhaftes)

1 EL Leinsamen, in 2 EL Wasser gequollen (für Süßes und Herzhaftes)

2 EL Tomatenmark (für Herzhaftes)

schwarzes Salz (Kala Namak) für den typischen Eigeschmack

EXTRASPARTIPP:
Das Wasser bereits vorgekochter Kichererbsen aus der Dose oder dem Glas lässt sich mit einem elektrischen Handrührgerät wunderbar aufschäumen und dann wie klassischer Eischnee verwenden (Tipp 100).

75. FRÜHSTÜCKSSPECK AUS KAROTTEN

SO LECKER!

Fleisch durch vegetarische und vegane Alternativen zu ersetzen, schont das Klima und deinen Geldbeutel. Und es ist unkompliziert, denn der Handel bietet mittlerweile eine riesige Produktvielfalt an pflanzlichen Proteinen in neuem Gewand. Von Sojabohnen, Erbsen und Lupinen bis hin zu exotischer Jackfruit und vom Hackfleisch-Ersatz bis hin zum veganen Schnitzel. Es gibt fast nichts, was es nicht gibt. Weniger verarbeitet, weniger verpackt und kostengünstiger hingegen geht es mit regionalen Zutaten. Man muss nur wissen wie. So wird aus Haferflocken mit Nüssen, Samen, Gemüsebrühe und den richtigen Gewürzen eine Art Hack für Saucen oder Bratlinge. Und Karottenstreifen verwandeln sich in knusprigen Frühstücksspeck.

ZUTATEN:

3 große Karotten

3 EL geschmacksneutrales Pflanzenöl

2 EL Honig oder Zuckerrübensirup

1 EL Sojasauce

geräuchertes Paprikapulver

Kreuzkümmel

Knoblauchpulver

SO GEHT'S:

1 Schäle deine Karotten und schneide sie mit dem Sparschäler in hauchdünne Längsstreifen.

2 Mixe dir deine Wunschmarinade und mariniere die Karotten in der Sauce. Die Grundmischung besteht aus Öl, Honig oder Sirup und Sojasauce und lässt sich nach Belieben würzen.

3 Lege die Karottenstreifen nebeneinander ausgebreitet auf ein Backblech oder in eine große Auflaufform und backe sie bei 160 Grad Umluft knusprig kross.

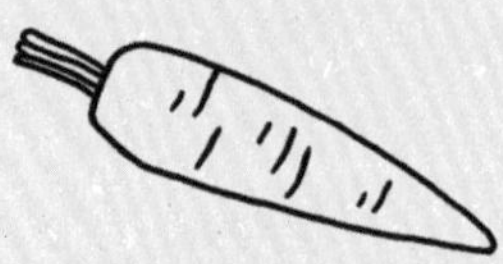

76. PANISSE AUS KICHERERBSEN

TOFU-ALTERNATIVE SELBST MACHEN

Glutenfrei, nussfrei, sojafrei und dazu noch kostengünstig und gesund. Das ist ein herrlich unkompliziertes Gericht, das man mal mediterran gewürzt und mal mit Kurkuma, sowohl in der Provence als auch in Myanmar kennt. Egal, ob du nun Panisse oder Shan-Tofu bevorzugst, diese Kichererbsen-Variante lohnt sich immer! Einfach marinieren oder panieren, in der Pfanne ausbraten und genießen ...

ZUTATEN:

200 g getrocknete Kichererbsen

Wasser zum Einweichen

600 ml Wasser

evtl. Gewürze nach Geschmack wie Kurkuma, Salz, Rosmarin, Thymian, Knoblauch etc.

SO GEHT'S:

1 Zunächst werden die getrockneten Kichererbsen über Nacht in einer großen Schüssel eingeweicht. Dabei sollte das Wasser mindestens zwei Fingerknöchel breit überstehen. Am nächsten Morgen das Einweichwasser abgießen und Kichererbsen gut durchspülen.

2 Nun mixt du die Kichererbsen mit ca. 600 ml Wasser zu einem feinen Püree und schüttest das Ganze in einen Topf um.

3 Bereite eine feuerfeste Form vor und fette sie ein, denn gleich muss es schnell gehen. Je nachdem wie dick deine Masse am Ende sein soll, kann zum Beispiel eine kleine Auflaufform oder eine Brotzeitdose passend sein.

4 Bringe die Kichererbsen-Wasser-Mischung unter Rühren zum Kochen. Drehe die Hitze herunter, rühre weiter und lass das Ganze so lange sanft köcheln und garen, bis eine Konsistenz ähnlich der von Kartoffelbrei erreicht ist.

5 Jetzt schnell in die Form umfüllen, glatt verstreichen und abkühlen lassen. Bis zum Verzehr im Kühlschrank aufbewahren.

ÜBRIGENS: Für eine möglichst gute Ökobilanz bei der Wahl deiner Kichererbsen auf eine regionale Herkunft achten.

BASICS

77. Fleischgenuss aus Mehl

Selbst gemacht, nachhaltig und kostengünstig

Du hast Lust auf vegetarische Hähnchenschenkel, Geschnetzeltes oder ein asiatisches Pfannengericht? Dann solltest du unbedingt mal Seitan ausprobieren. Dieser Fleischersatz besteht aus Gluten, ist extrem preisgünstig und lässt sich auch wunderbar in größeren Mengen vorbereiten und für seinen großen Einsatz einfrieren.

Zutaten:

Für ca. 200 g Seitan

1 kg Mehl

500 ml Wasser

Pflanzenöl zum Anbraten

Gemüsebrühe

Gewürze (Salz, Pfeffer, Kreuzkümmel, Paprika, Muskat, Knoblauch, Ingwer)

evtl. Sojasauce

Baumwolltuch

So geht's:

1 Mehl und Wasser zu einem festen Teig verkneten, zu einer Kugel formen und luftdicht verschlossen mindestens 4 Stunden (oder über Nacht) ruhen lassen.

2 Die Teigkugel in eine große Schüssel geben, mit kaltem (!) Wasser bedecken und sanft im Wasser kneten. Bei diesem Vorgang beginnt sich die Stärke langsam auszuwaschen und färbt das Wasser milchig-trüb. Wechsel das Wasser zwei- bis dreimal und wiederhole das Unter-Wasser-Kneten, bis von deinem Teig lediglich das Gluten übriggeblieben ist und das Waschwasser klar bleibt.

3 Nun geht es im Trockenen weiter. Ziehe deinen Glutenteig, flechte oder verschlinge die Teigstränge miteinander. Das ergibt am Ende eine faserige Struktur, die an Muskelfleisch erinnert. Dann ab damit in die Pfanne und von allen Seiten scharf anbraten.

4 Bring etwa einen Liter kräftig gewürzte Gemüsebrühe zum Kochen und füge nach Belieben Sojasauce, Paprika oder Ähnliches hinzu. Wickel deinen Seitanknödel in das Baumwolltuch, gib das Paket in den Topf und lasse ihn bei niedriger Hitze etwa 2 Stunden ziehen. Dieser Schritt ist auch perfekt für deine Kochkiste (Tipp 24) geeignet. Einfach aufkochen und 5 Stunden in der Kiste garen lassen. Danach wie gewohnt würzen, marinieren und anbraten.

78. ALLES KÄSE!

NUR OHNE MILCH

Käse ist nicht nur ein verhältnismäßig teures Lebensmittel, er teilt sich das Siegertreppchen der klimaschädlichsten Lebensmittel auch mit Butter und Rindfleisch und belegt Platz drei. Gleich zwei gute Gründe, deinen Käsekonsum etwas einzuschränken und auf leckere vegane Alternativen zurückzugreifen.

ZUTATEN:

Für einen kleinen Laib »Käse«

250 g eingeweichte Sonnenblumenkerne

150 ml Brottrunk

2 EL Zitronensaft

½ TL Salz

½ TL Hefeflocken

1 kleine Knoblauchzehe

evtl. Pfeffer, Paprikapulver und getrocknete oder frische Kräuter nach Wahl

SO GEHT'S:

1 Weiche deine Sonnenblumenkerne über Nacht in Wasser ein, spüle sie am nächsten Morgen gut durch und lass sie abtropfen.

2 Gib die eingeweichten Kerne zusammen mit dem Brottrunk, dem Zitronensaft, Salz, Hefeflocken und der geschälten Knoblauchzehe in einen Mixer und verarbeite das Ganze zu einem cremigen Püree.

3 Um der Masse nun etwas Feuchtigkeit zu entziehen, brauchst du ein feines Baumwolltuch, einen Topf und ein passendes Sieb. Fülle das Püree in dein Stofftuch, schlage es über der Masse zu und lass das Ganze mindestens 12 Stunden im Sieb über dem Topf abtropfen. Für eine noch festere Konsistenz kannst du dein Sonnenblumenkäse-Paket währenddessen beschweren.

4 Neuer Tag, neues Glück. Tatsächlich ist dein veganer Käse bereits jetzt verzehrfähig, du kannst ihn allerdings auch noch mit Kräutern und Gewürzen verfeinern. Entweder du vermengst alle Zutaten und kreierst so einen leckeren Ersatz für Frischkäse oder Käsecreme. Oder du formst aus der Grundmasse einen kleinen Käselaib, wälzt ihn nach Belieben in Kräutern und Gewürzen und lässt ihn an einem trockenen Ort noch etwas reifen. Achtung! Während der Reifezeit solltest du ihn unbedingt zweimal täglich wenden.

ÜBRIGENS: Bei Käse gilt grundsätzlich, je höher der Fettgehalt, desto schlechter die Klimabilanz.

79. Ei drüber und fertig!

Frittata und Tortilla

BASICS

Die italienische Frittata und die spanische Tortilla sind in der Resteküche echte Klassiker und zaubern in Windeseile ein schmackhaftes Gericht auf den Tisch.

Zutaten:

Für 3–4 Portionen

½ Zwiebel

1 Knoblauchzehe

50 g Käse

4 Bio-Eier

Salz und Pfeffer

ca. 400 g Reste (z. B. Gemüse, Nudeln, Kartoffeln, Brotreste)

evtl. frisches Gemüse

Pflanzenöl zum Braten

frische Kräuter, gehackt

So geht's:

1 Zwiebel und Knoblauch schälen und klein schneiden, den Käse, je nach Sorte, reiben oder zerbröseln.

2 Die Eier verquirlen und den Käse unterheben. Mit Salz und Pfeffer würzen.

3 Gemüsereste klein schneiden. Brotreste würfeln. Frisches Gemüse putzen, waschen und zerkleinern.

4 Nun werden Knoblauch und Zwiebel in etwas Öl in einer großen Pfanne angebraten. Wenn du frisches rohes Gemüse in deine Frittata geben möchtest, dann jetzt ab damit in die Pfanne und ebenfalls leicht anbraten. Schließlich kommen die restlichen Zutaten hinzu und es wird alles mit der Ei-Käse-Masse übergossen. 5 Minuten stocken lassen und dann ca. 10 weitere Minuten bei schwacher Hitze durchgaren. Die Garzeit ist von der Dicke der Frittata abhängig und kann auch bis zu 20 Minuten dauern.

5 Pfanne mit einem großen Teller abdecken, Teller und Pfanne vorsichtig umdrehen und die gewendete Frittata zurück in die Pfanne geben. Noch kurz die zweite Seite anbraten und mit frischen Kräutern bestreut servieren.

80. ASIATISCHER HOCHGENUSS

RESTE-CURRY

SICS

Statt des allseits beliebten Resteeintopfs kommt zur Abwechslung mal ein leckeres Curry auf den Tisch. Herrlich aromatisch und wunderbar einfach in der Zubereitung.

ZUTATEN:

Für 3–4 Portionen

600–800 g Gemüse (was gerade weg muss)

1 Zwiebel

2 Knoblauchzehen

Pflanzenöl zum Braten

1 EL geriebener Ingwer

1 EL Zucker

2 EL Currypaste, mild oder scharf

2 EL Sojasauce

2 EL Zitronensaft

1 Dose Kokosmilch (oder 200 ml Gemüsebrühe, 200 ml Pflanzenmilch und 1 EL Pflanzenöl)

100 ml Gemüsebrühe

SO GEHT'S:

1 Gemüse putzen, waschen und in kleine Stücke schneiden. Zwiebel und Knoblauch schälen und hacken.

2 Öl in einer (Wok-)Pfanne erhitzen und Zwiebel, Knoblauch und Ingwer darin anbraten. Den Zucker einrühren, dann das klein geschnittene Gemüse scharf anbraten und karamellisieren. Schließlich noch die Currypaste einrühren.

3 Nun alles mit Sojasauce, Zitronensaft, Kokosmilch und Brühe ablöschen und bei schwacher Hitze köcheln lassen.

4 Mit Sojasauce abschmecken und genießen.

ÜBRIGENS:

Regionale (Pseudo-)Getreide wie Dinkel, Gerste oder Hirse sind eine tolle Beilagenalternative zum Reis. Sie verbrauchen weniger Wasser und produzieren beim Anbau keine klimaschädlichen Gase.

81. BROTLASAGNE

ALTES BROT IN NEUEM GEWAND

BASICS

Warum aus altem Brot immer nur Knödel machen oder es gar wegwerfen? Heute gibt es eine herzhaft leckere Brotlasagne ...

ZUTATEN:

Für 4 Portionen

2 Knoblauchzehen

1 Zwiebel

200 g Karotten

Öl zum Braten

300 g Hackfleisch oder vegetarisches Hack

1 l passierte Tomaten

Salz und Pfeffer

Oregano

300 g altes Brot in dünnen Scheiben

3 EL Olivenöl

2 Mozzarella oder eine vegane Käsealternative

SO GEHT'S:

1 Zuerst wird die Sauce vorbereitet. Dafür Zwiebeln und Knoblauch klein schneiden, die Karotten schälen und raspeln und etwas Pflanzenöl im Topf erhitzen. Dann Zwiebeln und Knoblauch im heißen Öl glasig braten und das (pflanzliche) Hack dazugeben. Alles scharf anbraten und garen. Zuletzt kommen die Karotten hinzu. Leicht anrösten, mit Tomatensauce ablöschen, würzen und bei geschlossenem Deckel köcheln lassen.

2 Gib deine Brotscheiben auf ein Backblech, beträufle sie mit Olivenöl und röste sie bei 160 Grad Umluft im Ofen goldbraun. Wenn du einen Toaster hast, kannst du deine Brotscheiben selbstverständlich auch toasten.

3 Nun in einer Auflaufform abwechselnd geröstetes Brot und Sauce schichten und mit Mozzarellascheiben (oder einer pflanzlichen Schmelzkäse-Alternative) abschließen. Bei 160 Grad Umluft goldbraun backen und genießen.

EXTRASPARTIPP: Aus altem Brot kannst du auch Croûtons und Semmelbrösel machen oder sie im Ofen mit etwas Öl und Gewürzen zu knusprigen Chips verarbeiten (Tipp 87).

82. FRÜHLINGSSALAT MIT ALTEN KARTOFFELN – BUNTER FITMACHER

Du hast Kartoffeln übrig und keine Lust auf eine Frittata? Dann bereite dir doch einen gesunden und sättigenden Frühlingssalat daraus zu …

ZUTATEN:

Für 3–4 Portionen

200 g weich gekochte Kichererbsen

5 Kartoffeln vom Vortag (oder eben so viel, wie du übrig hast)

2 Handvoll frisches Salatgemüse der Saison, wie Tomaten, Fenchel, Salatgurke oder

2 Handvoll Salatblätter

Für das Dressing:

5 EL natives Olivenöl

1 EL Essig

1 EL Zitronensaft

½ TL mittelscharfer Senf

½ TL Zucker oder Honig

1 Prise Salz oder 1 TL Sojasauce

SO GEHT'S:

1 Kichererbsen am besten am Vortag einweichen, mit klarem Wasser spülen und weichkochen.

2 Schneide die Kartoffeln in Scheiben oder mundgerechte Stücke, ganz wie du es lieber magst.

3 Für das Grünzeug frisches Gemüse und Salat waschen, trocken tupfen und klein schneiden. Zusammen mit den Kichererbsen und Kartoffeln in eine große Salatschüssel geben.

4 Jetzt kommt das Dressing an die Reihe. Gib die Zutaten in ein Einmachglas, schraub den Deckel fest zu und schüttel die Mischung gut durch. Gib dein Dressing über Gemüse, Salat und Kartoffeln und vermenge das Ganze anschließend.

ÜBRIGENS:
Wusstest du, dass Kartoffeln aus der Region eine großartige Klimabilanz haben und deshalb eine der nachhaltigsten Beilagen überhaupt sind? (Institut für Energie- und Umweltforschung Heidelberg 2020).

83. OVERNIGHT OATS – WENN DEIN FRÜHSTÜCK SICH SELBST ZUBEREITET

BASICS

Das perfekte Frühstück für deinen Start ins Meal Prepping sind Overnight Oats, also über Nacht eingeweichte Haferflocken. Gesund, sättigend, kostengünstig, einfach vorzubereiten und so vielseitig …

GRUNDZUTATEN:

Pro Portion

40 g Haferflocken

120 ml (Pflanzen-)Milch

geschrotete Leinsamen nach Belieben

GESCHMACKSZUTATEN:

Apfel, Banane, Beeren, Rosinen, Zimt, Kakao, Honig, Nussmus, Nüsse und Samen, Joghurt

SO GEHT'S:

1 Für das Grundrezept brauchst du Haferflocken und Flüssigkeit im Verhältnis 1:3. Mische die Zutaten und stelle sie abgedeckt über Nacht in den Kühlschrank. Für das Meal Prepping ruhig die Haferflocken-Basis für die ganze Woche vorbereiten. Entweder in einem großen Gefäß oder in mehreren kleinen Einmachgläsern.

2 Je nach Saison kannst du deine Overnight Oats geschmacklich variieren. Von Apfelstrudel mit Apfelstückchen, Zimt und Rosinen über Banana Shake mit Banane und Kakao bis hin zu Karottenkuchen mit geraspelter Karotte, Zimt und Honig. Die Möglichkeiten sind unendlich, und selbstverständlich kannst du auch einfach nur dein Lieblingsobst oder etwas Joghurt ergänzen.

ÜBRIGENS:
Auch die Geschmackszutaten kannst du als Meal Prep vorbereiten und deine Gläschen bereits zu Beginn der Woche komplett fertigstellen. Luftdicht verschlossen halten sie sich im Kühlschrank mindestens 5 Tage.

84. MITTAGSBOWL

EINE SCHÜSSEL VOLL GESCHMACK

SICS

Nicht weniger variabel und mindestens genauso schmackhaft sind leckere Bowls. Die perfekte Meal-Prep-Idee für ein ausgewogenes und kostengünstiges Mittagessen. Das Geheimnis? Du kombinierst nach dem Baukastenprinzip immer zwei sättigende Beilagen mit frischem Gemüse und Salat und einem leckeren Dressing. Das Ergebnis sind unendliche Kombinationsmöglichkeiten mit wenig Aufwand.

SATTMACHER:

Linsen
Bohnen
Kichererbsen
Couscous
Buchweizen
Kartoffeln
Reis
Glasnudeln

GEMÜSE JE NACH SAISON:

Salatgurke
Karotte
Fenchel
Rotkohl
Zucchini
Tomate
Blattsalate

ZUTATEN DRESSING-VARIANTE 1:

Pro Portion
3 EL natives Olivenöl
1 EL Zitronensaft
1 TL Sojasauce
½ TL Marmelade
Knoblauch, Pfeffer, Chili, Senfsaat oder Kreuzkümmel nach Belieben
Joghurt nach Belieben

ZUTATEN DRESSING-VARIANTE 2:

Pro Portion
3 EL neutrales Pflanzenöl
1 EL Zitronensaft
1 ½ TL Sojasauce
2 EL Erdnussbutter
2 EL Tahini
1 TL Zucker
Knoblauch, Pfeffer, Chili, Kreuzkümmel oder Ingwer nach Belieben

ÜBRIGENS: Die perfekte Reihenfolge für lange Frische ist: Dressing nach unten ins Glas. Danach »schwere« Zutaten wie Bohnen, Linsen oder Kichererbsen, klein geschnittenes Gemüse, darüber flüssigkeitssaugende Beilagen wie z. B. Couscous und ganz oben Salate und frische Kräuter.

85. ENERGIEKUGELN

ROHKOST FÜR ZWISCHENDURCH

Energiebällchen sind ein toller und gesunder Snack für zwischendurch und unterwegs. Sie sind schnell und einfach zubereitet, lecker und die perfekte Meal-Prep-Ergänzung.

ZUTATEN:

Für ca. 20 Kugeln

100 g Rosinen (evtl. über Nacht in Orangensaft einweichen)

150 g Karotten

100 g Walnusskerne (kostengünstigere Alternative: 50 g Walnüsse, 50 g Sonnenblumenkerne)

80 g Haferflocken

1 EL Leinsamen

½ TL Zimt

1 Prise gemahlener Ingwer

1 Prise Salz

Orangensaft

geriebene Nüsse oder Kokosflocken zum Wälzen

SO GEHT'S:

1 Für noch mehr Geschmack deine Rosinen eventuell über Nacht in Orangensaft einweichen.

2 Karotten schälen und fein raspeln.

3 Nüsse, Haferflocken, Leinsamen und Rosinen zusammen mit den Gewürzen mixen. Geraspelte Karotten hinzugeben, zu einer Masse verkneten und Bällchen formen. Sollte dein Teig zu weich sein, etwas mehr Haferflocken zugeben, ist er zu fest, etwas Orangensaft zugeben.

4 Fertige Kugeln in geriebenen Nüssen oder Kokosflocken wälzen und im Kühlschrank lagern.

ÜBRIGENS: Energiekugeln funktionieren auch mit anderen Nüssen und Trockenfrüchten, wie z. B. Datteln oder Feigen. Klimabilanz und Kosten sind allerdings umso besser, je regionaler deine Zutaten sind.

86. MÜSLIRIEGEL

GESUNDER SNACK OHNE PLASTIKMÜLL

SICS

Müsliriegel sind der perfekte Snack für unterwegs. Doch die kleinen Powerbomben aus dem Laden sind alles andere als günstig – und noch dazu produzieren sie jede Menge Verpackungsmüll. Hier lohnt sich das Selbermachen auf ganzer Linie! Durch den Verzicht auf Industriezucker sind sie überdies viel gesünder. Je nach Geschmack und Budget kannst du das Basisrezept einfach anpassen, Hauptsache, am Ende stimmt das Verhältnis von feuchten und trockenen Bestandteilen in der Müslimasse. Dabei gelten Trockenobst und Apfelmus als feuchte und Nüsse, Kerne und Haferflocken als trockene Zutaten.

ZUTATEN:

Für ca. 18 Riegel

400 g Trockenobst

evtl. Gewürze und Geschmackszutaten wie Kakao oder Zimt

100 g Apfelmark

400 g Haferflocken (je nach Geschmack kernig oder zart)

200 g Nüsse und Kerne

SO GEHT'S:

1 Zunächst das Trockenobst mit den Gewürzen und dem Apfelmark in einem Mixer zu einer homogenen Masse verarbeiten.

2 Haferflocken, Nüsse und Kerne gut mit der Masse vermengen. Die Masse auf einem gefetteten Backblech oder auf Backpapier ca. 1 cm dick verstreichen. Bei 120 °C (Ober-/Unterhitze) im Backofen auf mittlerer Schiene ungefähr 20 Minuten backen bzw. trocknen lassen.

3 Die noch warme Müslimasse mit einem Messer in Form schneiden. Ob große Riegel oder kleine Müslihappen, das bleibt dir überlassen. Kühl gelagert, halten die fertigen Müsliriegel ungefähr 1 Woche. Zumindest, wenn sie vorher niemand aufgegessen hat …

87. BROT- UND BREZELCHIPS

KNUSPRIGE RESTEVERWERTUNG

Die Gründe für übrig gebliebene Backwaren sind vielfältig. Doch es gibt eine leckere Lösung abseits der Mülltonne. Das Zauberwort heißt: knusprig rösten! So verwandeln sich Brotreste und alte Brezel in wenigen Augenblicken in haltbare Chips – der perfekte Knabberspaß und Zero-Waste-Snack für unterwegs oder abends beim Seriengucken.

ZUTATEN:

Für 1 Backblech

Brot- und Brezelreste

80 ml Pflanzenöl (zum Backen geeignet)

3 EL Gewürze oder Kräuter nach Wahl (z. B. mediterrane Gewürzmischung)

evtl. Salz

evtl. 1 Knoblauchzehe, geschält

SO GEHT'S:

1 Brot- und Brezelreste in dünne Scheiben (max. 4 mm dick) schneiden und auf einem Backblech verteilen.

2 Öl, Gewürze, Kräuter, Salz und Knoblauch in einem Mixer zerkleinern und gut vermengen. Hier kannst du deiner Fantasie freien Lauf lassen. Achte nur darauf, ob der Brotteig bereits gewürzt ist. Gerade bei Laugengebäck lieber mit Salz sparsam sein.

3 Nun das Gewürzöl auf den Scheiben verstreichen und ab damit in den Ofen. Bei Ober-/Unterhitze ca. 10 Minuten bei 150 °C goldgelb backen und anschließend abkühlen lassen.

EXTRASPARTIPP: Du kannst die Reste auch portionsweise vorbereiten und erst im Ofen rösten, wenn du genug für ein Blech beisammen hast. Das spart Energie. Wann immer etwas übrig bleibt, in Scheiben schneiden, gut trocknen lassen und staubdicht verpacken.

88. ONE-POT-MEALS

ALLES IN EINEM TOPF

Zwiebeln andünsten, Gemüse braten, Nudeln kochen. Ein einziges Essen braucht oft viele verschiedene Töpfe und Pfannen, bis es bei dir auf dem Teller landet. Dabei bedeuten weniger aktive Herdplatten auch automatisch einen geringeren Stromverbrauch. Die Lösung sind sogenannte One-Pot-Meals, also eine Mahlzeit aus nur einem Topf. Mit ihnen lässt sich gleich doppelt Energie sparen, zum einen beim Kochen selbst und zum anderen beim Abspülen danach.

Klassische One-Pot-Meals sind Risotto, Eintöpfe und Suppen aller Art, aber selbst Nudelgerichte lassen sich ratzfatz in nur einem Topf kochen.

Der Trick? Alle Zutaten für die Nudelsauce werden klein geschnitten und kommen zusammen mit den harten Nudeln (Kochzeit mindestens 8 Minuten) in einen passenden Topf. Nun pro 250 Gramm Pasta etwa einen halben Liter Wasser oder Brühe hinzugeben und aufkochen lassen. Danach bei geschlossenem Deckel so lange sanft köcheln, bis die Nudeln weich sind. Und natürlich gelegentliches Umrühren nicht vergessen.

ONE-POT GERICHTE

89. GEMÜSE-NUDEL-ALLERLEI

DEIN ÜBERRASCHUNGS-ONE-POT

Nudeln gehen ja bekanntlich immer und sind nicht nur bei Kindern der Hit. Das Tolle bei diesem Gericht ist, dass du bei Bedarf mit wenig Aufwand all deine Gemüsereste auf einen Schlag loswerden kannst.

ZUTATEN:

Für 4 Portionen

500 g Gemüse(reste)

500 g Hartweizengrießnudeln nach Wahl

1 Zwiebel

2 Knoblauchzehen

1 l Wasser oder Gemüsebrühe

100 g passierte Tomaten

2 EL Tomatenmark

100 g (vegane) Sahne

2 EL Olivenöl

Salz und Pfeffer

Oregano

evtl. Käse zum Überbacken

SO GEHT'S:

1 Zunächst dein Gemüse waschen, schälen und klein schneiden und auch Zwiebel und Knoblauch schälen und würfeln.

2 Nun hast du die Wahl zwischen Nudeln mit Sauce oder einem Nudelauflauf, denn du kannst dieselben Zutaten entweder auf dem Herd garen oder im Ofen mit Käse überbacken. Je nach Wahl, Wasser bzw. Brühe, die passierten Tomaten, Tomatenmark, Sahne, Olivenöl und Gewürze in einem Topf oder einer Auflaufform mischen.

3 Gib die harten Nudeln hinzu und mische das Ganze gut durch. Für den Auflauf Käse darüberstreuen und für ca. 40 Minuten bei 180 Grad Umluft in den Ofen.

4 Bei der Zubereitung im Topf, Nudeln und Flüssigkeit aufkochen lassen, mit einem Deckel verschließen und bei niedriger Hitze garen.

90. ONE-POT TEX-MEX-STYLE

REIS MIT BOHNEN

Reis, Reis Baby! Deutlich besser als dieses Wortspiel wird dir sicherlich der One-Pot Tex-Mex-Style schmecken. Supereinfach, nahrhaft, lecker und die perfekte Energiesparküche für deinen Alltag.

ZUTATEN:

Für 3–4 Portionen

200 g getrocknete Kidneybohnen (entspricht 400 g gegarten Bohnen)

300 g Reis

300 g Mais (Dose)

1 Zwiebel

1 kg passierte Tomaten

400 ml Wasser

1 ½ EL Salz

Pfeffer

1 EL Paprikapulver

½ TL Ras el Hanout oder Kreuzkümmel

evtl. Chili

SO GEHT'S:

1 Weiche deine Kidneybohnen über Nacht in Wasser ein. Am nächsten Tag das Wasser abgießen und die Bohnen gut spülen.

2 Auch den Reis in einem Sieb gut mit Wasser spülen und anschließend zusammen mit den anderen Zutaten in eine Auflaufform geben.

3 Alles gut vermengen und auf Umluft bei 180 Grad ca. 45 Minuten garen.

EXTRASPARTIPP: Du kannst den Mais selbstverständlich auch beliebig durch Gemüsereste aus dem Kühlschrank ersetzen.

91. CREMIGE BROKKOLI-KARTOFFELN

ONE-POT GEHT AUCH MIT KARTOFFELN

Kartoffeln sind ein unglaublich vielseitiges Gemüse und dazu noch sehr klimaschonend in ihrer Gesamtbilanz. Und genau aus diesem Grund darf ein One-Pot-Rezept mit den goldgelben Knollen auf keinen Fall fehlen ...

ZUTATEN:

Für 4 Portionen

700 g Kartoffeln (vorwiegend festkochend)

200 g Karotten

1 Zwiebel

1 Knoblauchzehe

500 g Brokkoli

300 ml Gemüsebrühe

300 g (vegane) Sahne

Salz und Pfeffer

½ TL Muskat

Abrieb von ½ Bio-Zitrone

evtl. Käse zum Überbacken

SO GEHT'S:

1 Zunächst werden alle Zutaten vorbereitet. Schäle deine Kartoffeln und Karotten und schneide sie in 1–2 cm große Stücke. Auch Zwiebel und Knoblauch abziehen und fein würfeln und den Brokkoli waschen und in Röschen aufteilen.

2 Ähnlich wie bei meinem Gemüse-Nudel-Allerlei kannst du zwischen einem Auflauf und der Topf-Variante wählen. Für den Auflauf zunächst die flüssigen Komponenten mit den Gewürzen mischen und schließlich zusammen mit Kartoffeln, Karotten, Zwiebel und Knoblauch in eine Auflaufform geben. Alles vermengen, mit Käse bestreuen und bei 180 Grad Umluft ca. 45 Minuten backen. Die Garzeit kann je nach Kartoffelsorte und Ofen abweichen.

3 Für die Zubereitung im Topf Pflanzenöl erhitzen und Zwiebel und Knoblauch anschwitzen. Mit Brühe und (veganer) Sahne ablöschen, Gewürze, Kartoffeln und Karotten hinzugeben und bei geschlossenem Deckel und niedriger Hitze ca. 20 Minuten garen. Je nach Geschmack können 1–2 EL Hefeflocken deinem Gericht eine leicht käsige Note verleihen.

4 Nach etwa 20 Minuten Garzeit die Brokkoliröschen in den Topf geben und für weitere 5–10 Minuten sanft köcheln lassen. Vor dem Servieren nochmals abschmecken und dann genießen.

92. HONIGALTERNATIVE

SELBST GEMACHTER LÖWENZAHNHONIG

Die Natur beschenkt uns mit kostenlosen Lebensmitteln, und wer hätte gedacht, dass einige der schmackhaftesten Zutaten direkt vor deiner Haustür wachsen? Löwenzahn ist eine davon, leicht zu erkennen, reich an Vitaminen und Mineralstoffen und unfassbar vielseitig zu verwenden. Wie wäre es zum Beispiel mit Löwenzahnsalat oder gegarten Löwenzahnblättern als Blattgemüse ähnlich Spinat? Oder du fängst die Sonne im leuchtend gelben Sirup aus Löwenzahnblüten ein ...

ZUTATEN:

300 g Löwenzahnblüten

1 l Wasser

1,5 kg Zucker

Saft von 1 Bio-Zitrone

sterile Einmachgläser

SO GEHT'S:

1 Die gesammelten Blütenköpfe von den grünen Kelchblättern, Stielresten und Insekten befreien und in einen Topf geben. Mit einem Liter Wasser aufkochen und den Sud über Nacht ziehen lassen.

2 Am nächsten Tag den Sud durch ein feines Sieb oder ein Tuch abseihen, ausdrücken und die Flüssigkeit mit Zucker und Zitronensaft aufkochen.

3 Bei geringer Hitze und ohne Deckel ca. 90 Minuten köcheln, bis die Konsistenz sirupartig ist. Achtung, lieber einmal zu früh testen als zu spät und beim Testen unbedingt abkühlen lassen, da erst dann sichtbar wird, ob die Mischung noch zu flüssig oder schon zu fest ist.

4 Sobald dein Sirup fertig ist, kannst du ihn in deine sterilen Gläser füllen.

EXTRASPARTIPP: Wusstest du, dass Löwenzahnwurzeln getrocknet, geröstet und fein gemahlen eine regionale und koffeinfreie Alternative zu Kaffee sein können? Für einen mild-nussigen Geschmack am besten nach der Blüte ernten.

93. GÄNSEBLÜMCHEN-KAPERN

DELIKATESSE VON DER WIESE

Und auch Gänseblümchen sind viel mehr als nur hübsch anzusehen. Die kleinen Blümchen finden seit Jahrhunderten Anwendung als Heil- und Schutzpflanze, und tatsächlich sind alle Teile von der Wurzel bis zur Blüte essbar. Eine spannende Möglichkeit sind etwa leckere Gänseblümchen-Kapern ...

ZUTATEN:

3 Handvoll Gänseblümchenknospen

Gewürze wie Senfkörner, Pfefferkörner, Lorbeerblätter

½ TL Zucker

1 TL Salz

130 ml Wasser

300 ml Tafelessig

sterile Einmachgläser

SO GEHT'S:

1 Die gesammelten Blütenknospen waschen, trocken tupfen und sterile Einmachgläser ca. zur Hälfte bis zu zwei Dritteln damit befüllen. Gewürze wie Senf- oder Pfefferkörner hinzugeben.

2 Zucker, Salz, Wasser und Essig kurz aufkochen und mit dem heißen Sud die Gläser auffüllen. Sofort fest verschließen und umgedreht auf dem Deckel abkühlen lassen.

3 Etwa 2–3 Wochen durchziehen lassen und deine falschen Kapern sind bereit zum Genießen.

ÜBRIGENS:
Falsche Kapern kannst du nach diesem Rezept aus allen essbaren Blütenknospen zubereiten, u. a. aus den Knospen von Löwenzahn, Kapuzinerkresse, Schnittlauch oder Bärlauch. Wie mit echten Kapern lässt sich mit diesen kleinen Aromabomben wunderbar würzen und verfeinern.

94. BÄRLAUCH-PESTO

FRÜHLING IM GLAS

Dieses würzige Bärlauch-Pesto eignet sich perfekt zum Würzen, als Brotaufstrich oder Nudelsauce und macht die wertvollen Inhaltsstoffe des wilden Knoblauchs lange haltbar. Apropos Haltbarkeit. Das fertige Pesto hält sich im Kühlschrank mindestens 6 Wochen und ist auch eine tolle kulinarische Geschenkidee.

ZUTATEN:

Für ca. 200 ml

3 Handvoll frische Bärlauchblätter

1 Prise Salz

100 ml Olivenöl

sterile Einmachgläser

SO GEHT'S:

1 Zunächst musst du die Bärlauchblätter gut waschen und sorgfältig trocknen, z. B. mit einer Salatschleuder. Das erhöht die Haltbarkeit.

2 Schneide die Blätter in grobe Stücke und gib sie zusammen mit Salz und Öl in einen Mixer oder Mörser, je nachdem, was du zur Verfügung hast. Verarbeite alle Zutaten zu einer breiigen Masse.

3 Nun ab damit ins Einmachglas und das abgefüllte Pesto mit einem Schuss extra Olivenöl bedecken. Gläser fest verschließen und im Kühlschrank lagern.

ÜBRIGENS: Du kannst deinem Pesto selbstverständlich auch Nüsse hinzufügen und diese beim Mixen oder Mörsern einarbeiten. Ich persönlich lasse die Nüsse aber eher weg, weil das Pesto so vielseitiger einsetzbar bleibt.

WILD FOODS

95. GRÜNES KRAFTPAKET

BRENNNESSELSPINAT

Mineralstoffe, Vitamine, Spurenelemente und eine Extraportion Eiweiß. Für dieses Powerfood musst du nicht etwa viel Geld im Reformhaus ausgeben, sondern du bekommst es kostenlos und ganzjährig von Mutter Natur geschenkt. Das Zauberkraut heißt Brennnessel und schmeckt im Smoothie, verarbeitet als Bratling oder mariniert und knusprig gebacken als Brennnessel-Chips. Oder wie wäre es mit einem würzigen Brennnesselspinat?

ZUTATEN:

8 Handvoll Brennnesselblätter

1 Zwiebel

1 Knoblauchzehe

2 EL (vegane) Butter

Salz und Pfeffer

1 Prise Muskat

SO GEHT'S:

1 Brennnesselblätter mit Schutzhandschuhen pflücken und kalt abwaschen. Dann für etwa eine Minute in kochendem Wasser garen und sofort im Eiswasser abschrecken. Durch das Blanchieren behält die Brennnessel ihre schöne sattgrüne Farbe.

2 Zwiebel und Knoblauch abziehen und klein schneiden. Eventuell auch die Brennnesseln etwas kleiner hacken.

3 Butter in einer Pfanne zerlassen und Zwiebel und Knoblauch glasig anschwitzen. Dann die blanchierten Brennnesselblätter hinzugeben, würzen, abschmecken und als Gemüsebeilage servieren.

EXTRASPARTIPP: Nutze das kochende Wasser nach dem Blanchieren doch gleich für deine Nudeln!

DIE WAS-KOSTET-ESSEN-FÜRS-KLIMA-CHALLENGE

WARUM?

Einer Studie des Instituts der deutschen Wirtschaft zufolge könnten in Deutschland fast zehn Millionen Tonnen CO_2 eingespart werden, wenn wir nur ein Fünftel weniger Fleisch essen würden. Und sechs Prozent der globalen CO_2-Emissionen gehen auf das Konto von internationalen und nationalen Lebensmitteltransporten von A nach B. Das entspricht unfassbaren drei Gigatonnen CO_2 weltweit*. Weniger tierische Produkte auf dem Teller und mehr regionale Lebensmittel im Einkaufswagen können also durchaus ein effektiver Teil der Lösung sein und zeigen eindrucksvoll, dass Klimaschutz auch durch den Magen geht.

Aber muss eine bewusste und nachhaltige Ernährung immer automatisch teuer sein?

VORBEREITUNG UND ABLAUF:

Führe eine Woche ein Haushaltsbuch, in dem du deine Ausgaben für Lebensmittel genau dokumentierst und aufschreibst, was du isst. Wiederhole das Ganze während deiner Challenge-Woche, um am Ende die Ausgaben vergleichen zu können.

AUFGABE:

Schaffst du es, dich eine Woche lang ausschließlich vegan zu ernähren, und wie viel gibst du dafür aus?

oder

Schaffst du es, dich eine Woche lang ausschließlich von saisonalen und regionalen Lebensmitteln zu ernähren, und wie viel gibst du dafür aus?

*Mengyu Li (University of Sydney) et al., Nature Food, doi: 10.1038/s43016-022-00531-w

INSPIRATION:

Egal für welche Variante du dich entschieden hast, eine Ernährungs-Challenge ist immer eine große Herausforderung, die schon beim bewussten Einkauf beginnt. Nutze die Chance, entdecke deine Umgebung mit neuen Augen und erweitere deinen kulinarischen Horizont. Es lohnt sich, und viele neue Gerichte werden deinen Speiseplan erweitern.

Spürst du eine körperliche Veränderung?
Wie sieht dein Budget aus?
Hast du mehr oder vielleicht sogar weniger ausgegeben?
Gibt es neue Lieblingsgerichte in deinem Speiseplan?
Hast du etwas vermisst?

DEIN PERSÖNLICHES ERGEBNIS:

UPCYCLING und Resteverwertung

Vieles von dem, was in deinem Müll landet, wirst du nach diesem Kapitel mit anderen Augen sehen. Warum? Ganz einfach, so mancher Fall für den Biomüll kann sich nämlich unter kundigen Händen in einen leckeren Snack verwandeln. In deinen Gemüseresten schlummert noch Leben und auch selbst zu kompostieren muss nicht nur etwas für Menschen mit eigenem Garten sein. Weniger Abfälle, sinnvolle Stoffkreisläufe und aus Altem Neues machen, eröffnet dir viele spannende Möglichkeiten zu mehr Nachhaltigkeit. Oftmals sogar ohne dafür Geld auszugeben.

96. PESTO AUS KAROTTENGRÜN

NICHT NUR FÜR HÄSCHEN

Du kaufst deine Karotten am liebsten im Bund auf dem Markt? Dann wirst du das nächste Rezept lieben und das Karottengrün ab jetzt nie wieder im Biomüll entsorgen.

ZUTATEN:

1 Bund Karottengrün

1 Knoblauchzehe

70 g Walnüsse (möglichst aus der Region)

60 g Parmesan oder 2 EL Hefeflocken für den käsigen Geschmack

130 ml natives Olivenöl

1 Prise Salz (je nach Geschmack)

1 Prise Pfeffer

SO GEHT'S:

1 Karottengrün abschneiden, waschen und von den harten Stängeln zupfen. Danach mit der Salatschleuder trocken schleudern oder mit einem Tuch/Küchenpapier abtupfen und grob hacken. Die Knoblauchzehe schälen und grob hacken.

2 Nun musst du die Nüsse ebenfalls mit einem Messer grob zerkleinern und den Käse reiben. Veganer*innen können sich den letzten Teil sparen, denn bei ihnen kommen Hefeflocken zum Einsatz.

3 Gib alle Zutaten in einen Mixer und mixe das Ganze zu einer cremigen Konsistenz. Bei Bedarf kannst du auch noch mehr Olivenöl zugeben.

4 Entweder direkt genießen oder in saubere Einmachgläser abfüllen. So hält sich dein Pesto im Kühlschrank ca. 3 bis 4 Wochen. Es sollte mit etwas Öl bedeckt sein.

EXTRASPARTIPP: Pestos lassen sich auch aus Radieschengrün, Kohlrabiblättern, Blumenkohlblättern und vielem mehr zubereiten.

97. SUPPENGLÜCK

SELBST GEMACHTE GEMÜSEBRÜHE

Gemüsebrühe ist ein gesundes und vielseitig verwendbares Lebensmittel. Egal, ob als Grundlage für Saucen oder als Seelenwärmer für kalte Herbsttage, mit Suppe liegt man irgendwie immer richtig. Wusstest du, dass du aus Schalen, wurzeligen Endabschnitten, Stielen und schrumpeligen Gemüseresten wunderbar einfach Brühe kochen kannst? Kostenlos, nachhaltig und ohne Palmöl und Geschmacksverstärker.

ZUTATEN:

1 Teil Reste von Gemüse und Pilzen wie Blattgrün, Schalen und Stiele

2 Teile Wasser

1 Lorbeerblatt

einige Wacholderbeeren

Muskat

Salz und Pfeffer

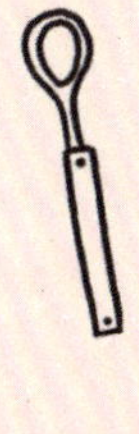

SO GEHT'S:

1 Reste in einen großen Topf geben und mit der doppelten Menge an Wasser bedecken. Gewürze hinzugeben und aufkochen lassen.

2 Mindestens zwei Stunden kochen lassen, durch ein Sieb abgießen und dann entweder gleich verwenden oder noch heiß in Flaschen und Einmachgläser abfüllen.

Im Kühlschrank ist die Brühe ca. eine Woche haltbar, du kannst sie aber auch wunderbar portionsweise einfrieren. Wenn du dafür Gläser benutzen möchtest, achte darauf, dass du bis zum oberen Rand noch ca. zwei Zentimeter Platz lässt. Das verhindert ein Platzen der Gläser beim Gefrierprozess (Tipp 66).

EXTRASPARTIPP:

Friere deine Gemüsereste ein, bis du eine genügend große Menge beisammenhast, um daraus Brühe zu kochen. Wenn du gleich eine größere Menge kochen willst, kannst du die Brühe in Gläser abfüllen und einkochen oder einfrieren.

98. BIOMÜLL ZUM KNUSPERN

CHIPS AUS KARTOFFELSCHALEN

Und noch mehr Ideen für weniger Biomüll. Wusstest du, dass du Kartoffelschalen zu knusprig-leckeren Chips verarbeiten kannst? So holst du noch das Letzte aus deinem Gemüseeinkauf und bekommst einen quasi kostenlosen Zero-Waste-Snack.

ZUTATEN:

1 EL Pflanzenöl

1 TL Paprikapulver

1 TL Knoblauchpulver

½ TL Salz

evtl. auch 1 TL Hefeflocken (fein), Ingwerpulver, Oregano, Chilipulver

gewaschene Kartoffelschalen

SO GEHT'S:

1 Mische Öl und Gewürze für eine Marinade ganz nach deinem Geschmack. Die angegebenen Mengen reichen etwa für die Schalen von 5 großen Kartoffeln.

2 Nun marinierst du deine Schalen in einer Schüssel, verteilst sie auf einem Backblech und schiebst sie bei 180 Grad Umluft in den Backofen. In ca. 10 Minuten knusprig backen.

ÜBRIGENS: Funktioniert auch wunderbar mit den Schalen von Karotten.

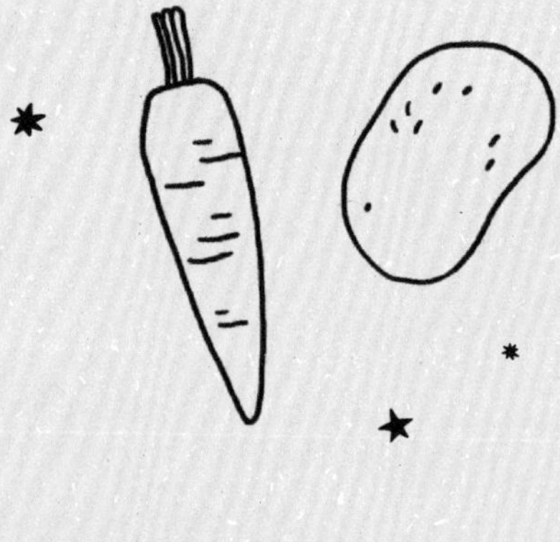

99. BROKKOLISTIELE

VIEL ZU SCHADE ZUM WEGWERFEN

Brokkoli wird in der Küche meist als reines Blütengemüse verwendet, d. h. in Topf oder Pfanne landen lediglich die grünen Röschen, während der Stiel weggeworfen wird. Was für eine Verschwendung! Deshalb kommen hier ein paar tolle Ideen für deine Leaf-to-Root-Küche. Und so geht's ...

ROHKOST

Nach dem Schälen und Abschneiden der holzigen Enden kannst du deine Brokkolistiele einfach roh knabbern oder in den Salat schneiden.

KOCHGEMÜSE

Du isst dein Gemüse lieber gekocht? Kein Problem, dann gib die vorbereiteten Stiele doch mit in deine Gemüsepfanne, den Eintopf oder Auflauf.

KNUSPERGEMÜSE

Brokkolistiele in Tempurateig sind ein ganz besonderer Leckerbissen. Einfach einen Ausbackteig herstellen, 30 Minuten quellen lassen, die vorbereiteten Stiele darin wenden und in Öl frittieren.

ZUTATEN FÜR DEN TEIG:

Für 4 Portionen

100 g Mehl

100 g Speisestärke

200 ml Eiswasser

1 Ei

Salz

100. AQUA FABA

EIN TRAUM AUS SCHAUM

Hülsenfrüchte wie Kichererbsen oder Bohnen sind ein wichtiger Bestandteil einer gesunden, nachhaltigen und kostengünstigen Küche. Doch sie können noch mehr, denn das dickflüssige Kochwasser lässt sich wie Eischnee aufschlagen und zum Beispiel für Baiser, Mousse oder andere Süßspeisen nutzen. Am unkompliziertesten funktioniert die Weiterverarbeitung von sogenanntem Aqua Faba (= Bohnenwasser) mit den Flüssigkeitsresten aus Dosen und Gläsern, es klappt aber auch selbst gemacht.

SO GEHT'S:

1 Weiche deine Hülsenfrüchte wie gewohnt über Nacht ein und spüle sie am nächsten Morgen gut durch.

2 Gib die Kichererbsen oder Bohnen in einen Topf mit frischem Wasser und koche sie mit geschlossenem Deckel weich.

3 Nun Hülsenfrüchte abgießen und die Flüssigkeit auffangen. Wieder in den Topf geben und das Kochwasser auf dem Herd so weit reduzieren, bis es gallertartig wird. Abkühlen lassen und wie gewohnt aufschlagen.

Keine Sorge, Bohnenwasser braucht zum Aufschlagen etwas länger als Eiweiß und mit einer Prise Salz und etwas Backpulver oder Zitronensaft (= Säure) bleibt der Schnee schön stabil.

EXTRASPARTIPP: Wenn du größere Mengen an Kichererbsen oder weißen Bohnen auf Vorrat kochst, kannst du das Kochwasser auch wunderbar bis zur späteren Nutzung einfrieren.

101. APFELRESTE VERWERTEN

ESSIG SELBST ANSETZEN

Guter Essig ist ein vielseitiges und wertvolles Lebensmittel, dass du mit wenigen Handgriffen ganz leicht selbst machen kannst. Alles, was du dafür benötigst, sind Apfelreste, Wasser, Zucker und etwas Zeit.

ZUTATEN:

Zucker

Wasser

2 sterile, große Einmachgläser

Apfelreste wie Schalen und Kerngehäuse

sauberes Geschirrtuch

feinporiges Sieb oder Stofftuch

sterile Glasflaschen zum Abfüllen

SO GEHT'S:

1 Löse je 3 EL Zucker in einem Liter Wasser auf.

2 Befülle zunächst dein Einmachglas zu 4/5 mit den klein geschnittenen Apfelresten und bedecke das Ganze mit der Zuckerwasserlösung. Dabei sollte ein Flüssigkeitsüberstand von etwa zwei Zentimetern vorhanden sein. Bitte keine fauligen Stellen für deinen Essigansatz zu verwenden, da er sonst verderben könnte.

3 Verschließe die Glasöffnung mit einem sauberen Geschirrtuch. Ab hier heißt es abwarten, sanft schwenken und umrühren, damit sich an der Oberfläche kein Schimmel bilden kann.

4 Nach einiger Zeit beginnen die Fruchtreste nach unten abzusinken und dein Essigansatz ist bereit für den nächsten Schritt. Gieße den Inhalt des Glases durch ein feines Sieb oder ein Tuch und fülle die Flüssigkeit wieder in ein steriles Einmachglas um. Mit einem Tuch abdecken und für weitere sechs Wochen an einem warmen Ort reifen lassen. Danach nochmals absieben, in Flaschen füllen und genießen ...

ÜBRIGENS: Während der Reifungszeit bildet sich die sogenannte Essigmutter, eine gallertartige Masse aus Essigsäurebakterien. Wirf diese auf keinen Fall weg, denn sie kann dir helfen, deinen nächsten Essigansatz zu beschleunigen. Einfach in einem Gefäß mit Essig lagern und mit einem Tuch abdecken.

102. RESTLOS LEER

AUF DIE GLÄSCHEN, FERTIG, LOS!

Fast immer bleiben in Gläsern Reste von Marmelade, Joghurt, Senf, Honig oder Schokocreme zurück. Viel zu schade für Altglas oder Abwasser. Aber was kann man schon mit dem kleinen Bisschen anfangen? Jede Menge und so geht's ...

(PFLANZLICHE) MILCH MIT EXTRA GESCHMACK:

Wofür? Süße Reste von Honig, Sirup, Schokocreme oder Marmelade
Wie? (Pflanzliche) Milch erwärmen und in dein Reste-Glas füllen. Deckel drauf, gut schütteln und genießen.

AYRAM:

Wofür? Reste von Joghurt oder Buttermilch
Wie? Fülle dein Joghurtglas mit kaltem Wasser auf und schmecke mit einer Prise Salz ab. Klein geschnittene Minze gibt das kleine Quäntchen Extrageschmack.

SALATDRESSING UND DIPS:

Wofür? Reste von Marmelade, Honig, Erdnussbutter, Tahini oder Senf
Wie? Nutze die Reste je nach Produkt als süße, salzige oder cremige Geschmackszutat und ergänze dein Dressing oder deinen Dip mit Öl, Essig und Gewürzen. Inspiration für unterschiedliche Salatsaucen findest du in Tipp 84.

SAUCEN:

Wofür? Reste von Senf, Tomatenmark, Tomatensauce oder Erdnussbutter
Wie? Löse die Überreste mit etwas warmem Wasser aus dem Gläschen und ergänze so deinen Saucenansatz um eine weitere Geschmackskomponente.

103. REGROWING

NEUES GRÜN STATT BIOMÜLL

Du willst dein eigenes Gemüse anbauen, hast aber nicht viel Platz? Dann starte doch mit deinem Gemüsegarten direkt auf der Fensterbank. Dafür brauchst du noch nicht einmal Samen oder Erde. Regrowing heißt das Zauberwort, bei dem Gemüsereste wieder zu neuem Leben erwachen. Das funktioniert zum Beispiel mit Karotten, Roter Bete, Romanasalat, Fenchel, Ingwer, Frühlingszwiebeln, Lauch oder auch Sellerie. Alles, was du brauchst, sind dein Gemüserest, ein Gefäß mit Wasser in Zimmertemperatur, Sonnenlicht und etwas Geduld. Nach ein paar Tagen und Wochen haben sich bei euren Gemüseabschnitten frische Triebe und Wurzeln gebildet und es ist an der Zeit zum Umtopfen in frische (torffreie) Erde.

KRÄUTER

Frische Triebspitzen ungefähr fünf Zentimeter lang abschneiden, die unteren Blätter vom Stiel zupfen und in ein Glas mit Wasser stellen. Das Wasser alle paar Tage wechseln.

WURZELN UND KNOLLEN

Zum Nachwachsen benötigst du den oberen Teil von Karotten und Co., aus dem das Grün wächst. Schneide davon eine mindestens drei Zentimeter dicke Scheibe ab und lege sie so in ein Schälchen, dass die abgeschnittenen Blattreste nach oben zeigen. Nun den Boden gut zwei Zentimeter hoch mit Wasser bedecken und das Wasser alle ein bis zwei Tage wechseln.
Nach Bedarf das Grün abschneiden und ernten.

ZWIEBELGEWÄCHSE

Bei Frühlingszwiebeln und Lauch verwendest du die unteren fünf bis sechs Zentimeter des Gemüses mit den Wurzelansätzen. Schneide diesen Teil sorgfältig ab und stelle die Wurzelenden in ein Gefäß mit Wasser. Das Wasser alle ein bis zwei Tage wechseln.
Für die Ernte einfach von oben ein Stück abschneiden.

SALAT, STAUDENSELLERIE UND KOHL

Schneide den Strunk deines Salats etwa fünf Zentimeter hoch ab und stelle ihn zur Hälfte in Wasser. Auch hier den regelmäßigen Wasserwechsel nicht vergessen.
Du kannst blatt- beziehungsweise stangenweise von außen nach innen oder komplett ernten.

104. ZITRUSPULVER

ZERO-WASTE-GESCHMACKSBOOSTER

Saucen, Aufläufe, Marinaden, Süßspeisen oder Smoothies. All diese kulinarischen Genüsse bekommen durch fein gemahlene Zitronen-, Limetten- oder Orangenschale eine zitrusfrische, feinherbe Note, und das ganz ohne zusätzliches Geld auszugeben.

ZUTATEN:

Schalen von Zitrusfrüchten in Bioqualität

Mixer oder Mörser

scharfes Messer oder Reibe

steriles Einmachglas

SO GEHT'S:

1 Wasche deine Bio-Zitrusfrüchte mit warmem Wasser und trockne sie ab.

2 Nun kannst du entweder die Schalen in kleine Stücke schneiden, trocknen lassen (z. B. im Ofen bei Restwärme) und dann im Mixer oder Mörser zu einem feinen Pulver verarbeiten. Da du hier die komplette Schale inklusive der weißen Schicht benutzt, wird dieses Zitruspulver bitterer im Geschmack.

3 Zweite Möglichkeit: Entferne lediglich die oberste Schicht der Schalen mit einem scharfen Messer oder einer Reibe. Danach trocknen lassen und mit Mixer oder Mörser pulverisieren.

4 Fülle Zitronen-, Limetten- und Orangenpulver in Einmachgläser. Viel Spaß beim Geschmacks-Experimentieren in deiner Küche!

EXTRASPARTIPP: Die Schalen von Orangen, Zitronen oder Mandarinen lassen sich auch noch anderweitig verwenden. Du kannst zum Beispiel mit einem Plätzchenausstecher Sterne ausstechen, sie trocknen lassen und zu Weihnachten als Geschenkanhänger oder Deko nutzen. Du kannst ausgepresste Orangenhälften mit Samen, Kernen und geschmolzenem Fett befüllen und so Winterfutter für heimische Vögel selbst machen. Oder du entfernst mit der Innenseite einer Zitronenschale Kalkablagerungen aus Waschbecken oder Spüle.

105. BRAUNES GOLD

KAFFEESATZ VIELSEITIG VERWENDEN

Für Kaffeetrinker gibt es wohl nichts Schöneres als den Geruch von gerösteten Kaffeebohnen und frisch gebrühtem Kaffee. Solltest du deinen Kaffeesatz bisher allerdings immer zielstrebig im Biomüll entsorgen, dann wirst du jetzt vielleicht überrascht sein. Es gibt nämlich eine Vielfalt an tollen Alternativen für den braunen Alleskönner.

IM BADEZIMMER:

Du kannst Kaffeesatz als durchblutungsfördernde Haar- und Kopfhautkur anwenden (nur für dunkles Haar) und eine Handvoll zunächst einmassieren, einwirken lassen und sorgfältig ausspülen.

Und vermischst du Kaffeesatz mit Wasser oder einem hochwertigen Pflanzenöl, erhältst du ein sanftes Peeling für jeden Hauttyp.

IN DER KÜCHE:

Kaffeesatz lässt üble Gerüche in Kühlschrank und Co. im Nu verschwinden und auch bei Töpfen, Pfannen und Grillrost findet sich ein weiteres Einsatzgebiet. Hier ersetzen die kostenlosen braunen Rubbelkörner teure Scheuermilch.

AUF HOLZOBERFLÄCHEN UND MÖBELN:

Kleine Kratzer auf dunklen Holzoberflächen werden kaschiert, wenn du sie mit feuchtem Kaffeesatz betupfst und das Ganze über Nacht einwirken lässt.

AUF BALKON UND IM GARTEN:

Kaffeesatz soll Pflanzenschädlinge wie Ameisen oder Blattläuse fernhalten und gibt einen wunderbaren und kostenlosen Dünger ab (Tipp 106).

ÜBRIGENS:
Da Kaffeesatz schnell schimmeln kann, solltest du ihn am besten sofort ausbreiten, gut trocknen lassen und anschließend in einem verschließbaren Gefäß bis zur späteren Verwendung aufbewahren.

106. DIY-DÜNGER

SUPERKRAFT FÜR DEINE PFLANZEN

Pflanzen brauchen nicht nur Liebe und torffreie Erde, sie benötigen auch regelmäßig ein bisschen Extrapower in Form von Dünger. Und ab heute kannst du dir den Weg zum Gartencenter sparen, denn Dünger gibt es kostenlos und frei Haus direkt in deiner Küche.

BANANENSCHALEN:

Wie? Klein geschnitten und frisch oder getrocknet in die Erde eingraben.
Wofür? Wegen ihres hohen Gehalts an Kalium eignen sich Bananenschalen besonders gut für Rosen und Blütenstauden.

EIERSCHALEN:

Wie? Schalen von 3 bis 4 Eiern in einen Liter Wasser geben, eine Woche stehen lassen und dann als Gießwasser nutzen.
Wofür? Eierschalen liefern eine Extraportion Kalk für Gemüsepflanzen wie Karotten, Erbsen oder Rote Bete.

KAFFEESATZ:

Wie? Einfach in die feuchte Erde einarbeiten.
Wofür? Kaffeesatz ist leicht sauer und enthält viel Stickstoff, Schwefel und Phosphor, genau wie es z. B. Hortensien, Rhododendren oder Heidelbeeren lieben.

EXTRASPARTIPP: Für den Abbau von Torf müssen in großem Stil Moore trockengelegt werden, und das ist nicht nur problematisch für die Artenvielfalt. Moore sind für den Klimaschutz unverzichtbar, denn ihre CO_2-Speicherkapazität ist um ein Vielfaches größer als die von Ozeanen oder Wäldern. Deshalb unbedingt torffreie Erde nutzen. Die gibt es kostengünstig, regional und oft sogar verpackungsfrei bei deinem örtlichen Zweckverband oder Abfallwirtschaftsbetrieb.

107. WURMKISTE

VOM BIOMÜLL ZU WERTVOLLEM DÜNGER

Wie wäre es mit deinem eigenen Kompost in der Wohnung? Klingt erst mal ein bisschen schräg, und wahrscheinlich denkst du automatisch an üble Gerüche und Fliegen, oder? Tatsächlich aber kannst du mit einer sogenannten Wurmkiste deinen Biomüll loswerden, eigene Komposterde und hochwertigen Dünger produzieren. Dabei entsteht lediglich der Duft von feuchtem Waldboden. Die Hauptrolle bei dieser wunderbaren Verwandlung spielen Kompostwürmer der Spezies *Eisenia foetida* und *Eisenia andrei*, die wahrscheinlich ungewöhnlichsten kleinen Mitbewohner, die du je hattest. Eine Wurmkiste kannst du entweder fertig oder als Bausatz kaufen, oder du baust sie einfach aus nur drei Modulen selbst.

ÜBRIGENS: **Wurmfutter:** rohe, ungesalzene Gemüsereste, Obstreste, Tee und Kaffeesatz (bis zu 30 % der täglichen Futtermenge), zerkleinerte Eierschalen, Pflanzenreste (unverholzt), Zeitungspapier und Pappe (bis zu 20 % der täglichen Futtermenge)

Kein Wurmfutter: Fleisch und Wurstreste, Milchprodukte, Zitrusfrüchte, Gekochtes, Mariniertes oder Gesalzenes, Knochen, Brot und Getreideprodukte, Hochglanzpapier und zu viel von nur einer Futterart

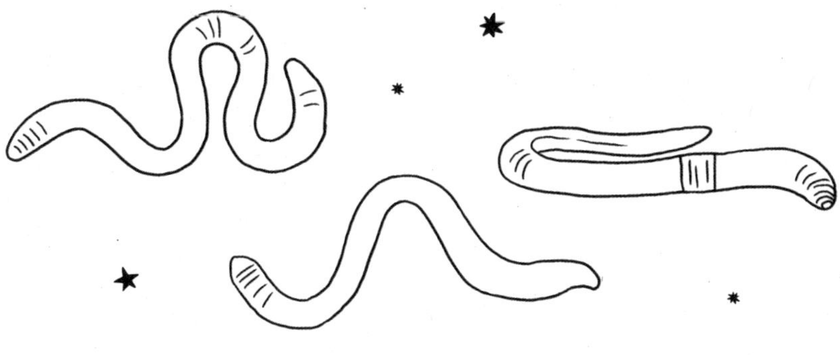

108. EASY-PEASY DIY

WURMKISTE SELBST BAUEN

Im Prinzip besteht deine DIY-Wurmkiste aus drei Teilen: einer Auffangschale für den Wurmtee (= Flüssigdünger 1:10) und zwei Kompostierungsbehältern für Biomüll, Würmer und Wurmhumus.

MATERIAL:

Bohrmaschine mit 8mm-Holzbohrer

2 stapelbare Euroboxen, 60 x 40 x 32 cm (grau)

Pflanzvlies

1 stapelbare Eurobox, 60 x 40 x 7,5 cm (grau, ohne Grifflöcher)

Zeitung und Pappe (z. B. Eierkartons)

Kompostwürmer

Hanfvlies oder Jutestoff, 60 x 40 cm

Sprühflasche mit Wasser

1 Euroboxdeckel, 60 x 40 cm (grau)

SO GEHT'S:

1 Bohre Löcher in die Böden der beiden hohen Euroboxen und klebe die Grifflöcher sorgfältig mit Pflanzvlies zu. So sorgst du für Sauerstoffzufuhr und verhinderst, dass deine Würmchen auf Wanderschaft gehen.

2 Jetzt geht es schon ans Befüllen der neuen Wurmkiste. Die Basis ist die 7,5 cm hohe Box, denn sie dient als Auffangschale für den Wurmtee. Darauf stapelst du Box eins und legst den Boden der Box mit mehreren Lagen feuchtem Zeitungspapier aus. Nun folgen eine Schicht zerknüllte Zeitung und Pappe und eine weitere Zeitungspapiertrennlage. Alles gut befeuchten, und dein Wurmbett ist bereit für die neuen Bewohner. Kompostwürmer und Biomüll einfüllen und die Kompostierung mit Hanfvlies oder Jutestoff abdecken. Box zwei darüberstapeln, den Boden der Box mit zerknüllter Zeitung und Pappe bedecken, anfeuchten und mit dem Deckel verschließen.

3 Sobald die untere Box ausreichend mit Küchenabfällen gefüllt ist, kannst du damit beginnen, die Etage darüber mit Biomüll zu befüllen und sie mit dem Hanfvlies abzudecken. Über die Bohrlöcher im Boden der Box wandern die Würmer dann langsam nach oben und schließlich kannst du in der unteren Etage wurmfreie Komposterde ernten.

109. BOKASHI

FERMENTIEREN STATT KOMPOSTIEREN

Würmer sind nichts für dich? Kein Problem, dann fermentiere doch einfach deinen Biomüll. Das Zauberwort heißt Bokashi und ist so etwas wie der Turbo für die Entsorgung deiner organischen Reste. Statt in mehreren Monaten durch Kompostwürmer ist die Fermentation im sogenannten Bokashi-Eimer nach nur zwei bis drei Wochen abgeschlossen und erzeugt im Ergebnis eine Art Kompostvorstufe. Dieses nährstoffreiche Ferment muss dann zuerst vererdet werden, bevor du es als Dünger einsetzen kannst. Mische dein saures Ferment dazu mit Erde, so neutralisiert sich der saure pH-Wert langsam über einen Zeitraum von ca. zwei Wochen.
Der Bokashi-Saft hingegen, der während des Fermentationsvorgangs entsteht, ist sofort einsatzbereit, und du kannst ihn je nach Verdünnung als Flüssigdünger, Pflanzenschutzmittel oder sogar zur natürlichen Reinigung deiner Abflüsse verwenden.

110. AUS DEM FARBTOPF

STOFFE MIT SCHALEN UND KERNEN FÄRBEN

Das konventionelle Färben von Textilien verbraucht nicht nur Unmengen an Wasser, es hinterlässt am Ende auch industrielles Abwasser, das stark mit Chemikalien belastet ist. Wusstest du, dass du reine Naturfasern auch mit Schalen und Kernen färben kannst, die sonst nur im Biomüll landen würden? Während die Schalen von Zwiebeln Töne von gelb-orange bis apricot liefern, färben Avocadokerne und -schalen sanft rosa bis rosenholzfarben.

SO GEHT'S:

1 Zunächst muss der Stoff gewaschen und gebeizt werden. Für letzteres einen Teil Sojamilch und drei Teile Wasser als Beize ansetzen. Den Stoff nach dem Waschen für mindestens zwölf Stunden darin einlegen. Danach mit kaltem Wasser auswaschen und am besten direkt mit dem Färben beginnen.

2 Für den Farbsud Zwiebelschalen oder Avocadoreste mit etwa der vierfachen Menge an Wasser aufkochen und gut zwei Stunden köcheln lassen. Danach die Pflanzenteile entfernen und abkühlen lassen.

3 Nun wird gefärbt. Gib den gebeizten Stoff und den Farbsud in einen großen Topf und erwärme das Ganze sanft unter Rühren für etwa eine Stunde. Vorsicht, dass es dabei empfindlichen Stoffen nicht zu heiß wird! Danach für mindestens 24 Stunden im Farbbad ziehen lassen.

4 Zum Fixieren der Farbe Tafelessig und Wasser im Verhältnis 1:2 mischen und den Stoff nochmals für etwa eine Stunde einweichen. Gründlich Auswaschen, trocknen lassen und fertig ist dein neuer Liebling!

ÜBRIGENS:
Je mehr Schalen und Co., desto mehr Stoff kann gefärbt werden. Umso weniger Wasser in die Mischung kommt, desto intensiver wird die Färbung.

111. KLASSISCHES UPCYCLING

GIB DEINEN GETRÄNKEKARTONS EINE ZWEITE CHANCE

Säfte, Pflanzendrinks, Smoothies, Milch. Viele flüssige Lebensmittel gibt es mittlerweile im Getränkekarton zu kaufen. Nicht ganz unproblematisch, denn die vermeintliche Umweltfreundlichkeit von Milchtüten und Co. ist leider deutlich schlechter als ihr Ruf. Stetig steigende Anteile an Plastik und viele Schichten aus den unterschiedlichsten Materialien machen den Getränkekarton zu einem Verbundmaterial, das nur schwer recyclingfähig ist. Meist kann lediglich der Papieranteil rückgewonnen und für die Produktion von Altpapierprodukten wiederverwendet werden.
Wenn du dennoch ein Lieblingsprodukt im Tetrapak hast, auf das du (noch) nicht verzichten möchtest, dann bekommst du hier Anregungen, um deinem Müll neues Leben einzuhauchen.

IDEEN FÜR DEN KOMPLETTEN GETRÄNKEKARTON:

Du kannst deinen leeren Getränkekarton auswaschen und eine der Längsseiten abschneiden. Nutze die so entstandene rechteckige Box als Blumentopf, zum Beispiel zum Anziehen von Gemüse, oder als praktischen Einsatz zum Organisieren von Schubladen oder Schränken.

IDEEN FÜR VERÄNDERTE GETRÄNKEKARTONS:

Schneide den oberen Teil mit der Ausgießhilfe ab, wasche deinen leeren Karton aus, knete ihn ein bisschen durch und ziehe vorsichtig die bedruckte Werbeschicht ab. Die beige Pappoberfläche lässt sich nun nach Belieben optisch gestalten. So können schnell hübsche Geschenktütchen, fettundurchlässige Snackbeutel, Utensilos oder Blumentöpfe entstehen.
Außerdem lässt sich der Getränkekarton auch zuschneiden und zum Beispiel als vielseitiges Bastelmaterial nutzen.

DIE ROHSTOFF-CHALLENGE

WARUM?

Einwegverpackungen aus Kunststoff und Papier, Milchtüten aus Verbundmaterial, Metalldosen, Problemstoffe, Marmeladengläser und Essensreste. In Deutschland werden jährlich knapp 40 Millionen Tonnen an Haushaltsabfällen produziert (Statistisches Bundesamt 2020). Das entspricht einem kleinen Müllberg von knapp 480 Kilogramm pro Kopf und Jahr.

Höchste Zeit, daran etwas zu verändern, denn dein Müll ist nichts anderes als wertvoller Rohstoff, der leider viel zu oft gar nicht recycelt wird. Statt Verschwendung heißt es nun, zwei Wochen lang bewusst wegwerfen, wiederverwenden und neu erfinden. Und tatsächlich ist das nicht nur gut für Umwelt und Klima, sondern kann dir sogar helfen, aktiv Geld zu sparen.

VORBEREITUNG UND ABLAUF:

Mach eine Woche lang eine Müllanalyse. Beobachte, welche Verpackungen anfallen, gegebenenfalls welche Lebensmittel weggeworfen werden und was im Restmüll landet. Führe Buch und notiere auch die groben Müllmengen.

Nach der ersten Woche heißt es Kassensturz, denn jetzt dreht sich alles um die Suche nach Verbesserungspotenzial. Welche Produkte verursachen bei dir zu Hause die größten Mengen an Abfall? Trennst du richtig? Für die Beantwortung dieser Frage lohnt ein Blick auf die Infoseiten deines Abfallwirtschaftsamtes. Finde neue Wege für weniger Müll und dokumentiere eine weitere Woche, ob sich der Inhalt deiner Tonnen verändert. Am Ende wird Woche eins mit Woche zwei verglichen.

AUFGABE:

Schaffst du es, deine Menge an Küchenabfällen pro Woche zu reduzieren? Und wenn ja, um welchen Anteil?

INSPIRATION:

Selbst machen statt verpackt kaufen, wiederverwenden statt wegwerfen, bewusst essen und Reste verwerten. Allein diese Maßnahmen sparen nicht nur Müll, sie schonen auch deinen Geldbeutel. Zudem kannst du mit einfachen Mitteln beginnen, selbst zu kompostieren und Verpackungen, Gemüseschalen und Co. upzucyceln. Zahlreiche Ideen und Anleitungen für tolle Upcycling-Projekte gibt's im Internet.

Hat sich durch die Challenge dein Bewusstsein und dein Blick auf Verpackungen im Laden verändert?
Hast du Neues zur Mülltrennung erfahren?
Gibt es etwas, das bisher immer in der falschen Tonne gelandet ist?
Hast du aus dem Müll etwas Neues gezaubert?

DEIN PERSÖNLICHES ERGEBNIS:

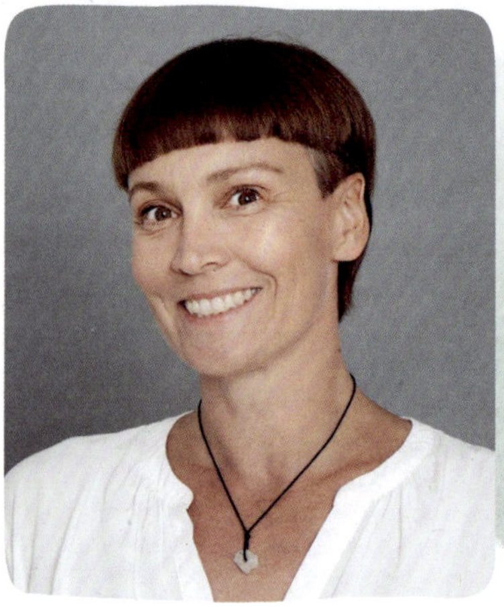

ÜBER DIE AUTORIN

Alexandra Achenbach ist promovierte Biologin, Autorin und Bloggerin. Auf ihrem mehrfach ausgezeichneten Blog *livelifegreen.de* teilt sie ihre Gedanken und Ideen für ein grünes Leben. Als Münchnerin und Mutter von zwei Kindern kennt sie den Spagat zwischen Wollen und Können unter finanziellen Limits selbst nur zu gut. Seit 2019 ist sie zudem regelmäßig als Nachhaltigkeits- und Umweltexpertin im Bayerischen Fernsehen zu Gast.

BILDNACHWEIS

AdobeStock: S. 8 (2mmedia), 13 (Jeanette Dietl), 16 (stokkete), 29 (Anastasia Gubinskaya), 30 (Kirill Gorlov), 36 (valya82), 46 (Cynthia), 50 (ffphoto), 52 (Марина Демешко), 55 (Estefania Torres/ADDICTIVE STOCK), 58 (sweetlaniko), 71 (ZoomTeam), 87 (Moodlia), 90 (MauriceNo), 111 (okkijan2010), 119 (nblxer), 122 (t.sableaux), 127 (sorin), 137 (MyBears)

Alexandra Achenbach: S. 25, 38, 61, 66, 70, 75, 102, 109